W0335970

petits Marabouts

RECETTES DE FAMILLE

100 recettes

MARABOUT

petits Marabouts

RECETTES DE FAMILLE

100 recettes

MARABOUT

SOMMAIRE

Pot-au-feu	6
Hachis maison	44
Petits farcis	90
Lasagnes	120
Desserts	166

POUR 4 PERSONNES - PRÉPARATION 20 MINUTES - CUISSON 3 À 4 HEURES

POT-AU-FEU DES FAMILLES

- 1,5 à 2 kg de bœuf, des morceaux bon marché tels que plat de côtes, queue, ficelés par le boucher
- Os à moelle (facultatif)
- 4 carottes
- 3 poireaux
- 3 navets nouveaux
- 1 branche de céleri
- 1 bouquet garni : thym, laurier, persil plat
- 1 oignon
- 6 pommes de terre
- 4 cuillerées à café bombées de gros sel

POUR SERVIR

- Moutarde
- Cornichons
- Coulis de tomates 100 % tomate type passata italienne (facultatif)

CONSEIL

À préparer de préférence la veille. Si vous avez le temps, laissez refroidir complètement le bouillon et mettez-le au réfrigérateur ; ôtez la couche de graisse remontée à la surface.

1. Parez les légumes. Coupez les poireaux en tronçons. Mettez la viande dans un grand faitout avec 1 carotte, 1 morceau de poireau, 1 navet, le céleri, l'oignon et le bouquet garni. Couvrez d'eau froide. Amenez doucement à ébullition, ajoutez 2 cuillerées à café de gros sel. Baissez le feu et laissez cuire à tout petit feu, à découvert, en écumant de temps en temps, pendant 3-4 heures. Vingt minutes avant la fin de la cuisson, ajoutez les os à moelle sur lesquels vous aurez pressé le reste de gros sel.

2. Retirez la viande, passez le bouillon à travers une passoire au-dessus d'une grande casserole.

3. Une demi-heure avant le repas, plongez les carottes, pommes de terre et navets restants dans le bouillon ramené à ébullition, laissez cuire 20 minutes. Ajoutez les poireaux et laissez cuire encore 10 minutes. Réchauffez la viande dans le bouillon.

4. Faites chauffer le coulis de tomates. Si vous le souhaitez, réduisez 2 verres de bouillon jusqu'à une consistance un peu sirupeuse.

5. Servez la viande avec les légumes, le coulis, le bouillon réduit, la moutarde et les cornichons.

POUR 6 À 8 PERSONNES - PRÉPARATION 20 MINUTES - CUISSON 3 H 30 À 4 H 30

POT-AU-FEU ROYAL

- 1,5 à 2 kg de bœuf (paleron, macreuse, gîte)
- 1 petit poulet
- Ficelle de cuisine

FARCE

- Les abats du poulet
- 2 cuillerées à soupe de chapelure
- 4 brins de persil plat
- Le zeste de ½ citron
- 1 tomate
- 1 petit-suisse
- Sel, poivre

LÉGUMES ET AROMATES

- 6 carottes
- 4 poireaux
- 2 navets
- 1 branche de céleri
- 1 bouquet garni
- 2 oignons
- 6 pommes de terre
- 6 à 8 fonds d'artichaut (frais ou surgelés)
- 1 cuillerée à café bombée de gros sel

POUR SERVIR

- Fleur de sel
- Grosses câpres
- Purée de tomates séchées
- Moutardes parfumées
- Pain de campagne

1. Hachez ensemble les ingrédients de la farce. Farcissez le poulet et ficelez-le. Parez les légumes. Coupez les poireaux en tronçons puis ficelez-les en petits fagots. Mettez la viande et le poulet dans un grand faitout avec 2 carottes, 1 fagot de poireaux, 1 navet, le céleri, les oignons et le bouquet garni. Couvrez d'eau froide. Amenez doucement à ébullition et ajoutez le gros sel.

2. Baissez le feu et laissez cuire 45 minutes à tout petit feu, à découvert, en écumant. Retournez le poulet et laissez cuire 45 minutes de plus, puis sortez-le. Laissez le bœuf cuire encore 2-3 heures.

3. À la fin de la cuisson, retirez la viande, passez le bouillon à travers une passoire au-dessus d'une grande casserole.

4. Une demi-heure avant le repas, plongez les carottes, pommes de terre et navets restants dans le bouillon ramené à ébullition. Laissez cuire 20 minutes, ajoutez les poireaux et les fonds d'artichaut puis laissez cuire encore 10 minutes. Égouttez en conservant le bouillon.

5. Servez le bouillon en entrée. Présentez le poulet découpé et les viandes avec les légumes accompagnés des condiments et de pain grillé.

POUR 4 PERSONNES - PRÉPARATION 15 MINUTES - CUISSON 3 H 30

POT-AU-FEU D'AMOUR

- 1,5 kg environ de veau (tendron, épaule, poitrine : un ou plusieurs morceaux)
- 2 gousses de vanille
- 4 cubes de bouillon de légumes bio
- 4 jeunes carottes
- 250 g de pommes de terre nouvelles
- 250 g de pois gourmands
- 250 g de petits pois
- 250 g de fèves
- 10 tomates cœurs-de-pigeon
- 3 toutes petites courgettes
- 6 oignons de printemps
- 4 cuillerées à soupe de crème fraîche

1. Mettez le veau dans un faitout. Couvrez d'eau froide. Ajoutez les cubes de bouillon et les gousses de vanille fendues en deux. Amenez doucement à ébullition, puis baissez le feu et laissez mijoter à découvert, à tout petit feu, en écumant de temps en temps pendant environ 3 heures : la viande doit être bien tendre et se détacher facilement des os.

2. Parez les légumes et découpez-les en tronçons. Sortez la viande cuite du faitout à l'aide d'une écumoire ou d'une cuillère et tenez-la au chaud sous un papier d'aluminium. Prélevez les gousses de vanille et raclez les graines dans le bouillon.

3. Amenez le bouillon vanillé à ébullition et plongez-y les légumes : d'abord les pommes de terre puis, 10 minutes plus tard, les autres légumes pendant 10 à 15 minutes, qu'ils soient al dente.

4. Découpez la viande en morceaux. Servez avec les légumes, le bouillon et 1 cuillerée à soupe de crème par assiette.

POUR 4 PERSONNES - PRÉPARATION 15 MINUTES - CUISSON 1 H 30

POULET AU POT AU CITRON

- 1 poulet de 1,5 kg environ
- 3 cubes de bouillon de légumes bio
- 2 citrons ou citrons verts
- 2 brins d'estragon

POUR SERVIR LE JOUR MÊME

- Salade verte
- Crudités
- 1 pomme croquante
- Vinaigrette
- Pain grillé
- Condiments

POUR SERVIR LE LENDEMAIN

- 200 g de riz « mélange de trois riz »

1. Mettez le poulet dans un faitout. Versez de l'eau bouillante jusqu'à mi-hauteur. Ajoutez les cubes de bouillon, le zeste et le jus des citrons, l'estragon. Laissez cuire à petit feu pendant 1 h 30, en retournant le poulet à mi-cuisson.

2. Une fois le poulet cuit, détachez les cuisses et les blancs (gardez bien la carcasse et le bouillon). Enlevez la peau. Servez avec de la salade, des crudités, 1 pomme émincée, une bonne vinaigrette, du pain grillé et des condiments.

3. Le lendemain, c'est là que c'est le meilleur : détachez de la carcasse tous les petits morceaux restants. Mettez-les dans le bouillon. Amenez à ébullition, versez le riz et laissez cuire 15 minutes. L'ensemble doit être relativement liquide. Servez bien chaud. Pour le lendemain, comptez 10 minutes de préparation et 15 minutes de cuisson.

POUR 4 PERSONNES - PRÉPARATION 20 MINUTES - CUISSON 1 H 30

PINTADE AU POT AU SAFRAN

- 1 pintade, ficelée par le boucher, avec les abats à l'intérieur, si vous aimez
- 3 pincées de filaments de safran
- 1 potimarron
- 2 carottes
- 2 poireaux
- 2 oignons rouges
- Sel

POUR SERVIR

- 200 g de riz complet rond
- 50 g de fruits secs mélangés : amandes, pignons, raisins...

1. Lavez soigneusement le potimarron, coupez-le en quatre et ôtez les graines avec une cuillère. Lavez et épluchez les carottes, les poireaux et les oignons. Mettez la pintade dans un grand faitout, couvrez d'eau et amenez à ébullition. Baissez le feu, écumez. Au bout de 45 minutes, retournez la pintade et ajoutez tous les légumes, du sel, le safran et laissez cuire encore 45 minutes.

2. Vingt minutes avant la fin de la cuisson, mettez le riz dans une casserole, versez 2 verres d'eau bouillante et 4 louchées de bouillon prélevées dans le faitout. Faites cuire à petit feu le temps indiqué sur le paquet (en général 20 à 25 minutes).

3. Sous le gril du four ou dans une poêle, à sec, faites dorer les fruits secs. À la fin de la cuisson, sortez pintade et légumes du bouillon. Montez le feu pour faire réduire le bouillon jusqu'à une consistance presque sirupeuse. Salez, si nécessaire.

4. Servez la pintade coupée en morceaux, sans la peau, avec le riz parsemé de fruits secs et les légumes, le tout arrosé du bouillon réduit.

STAUB

POUR 4 PERSONNES - PRÉPARATION 20 MINUTES - CUISSON 50 MINUTES

CANARD AU POT D'ESPELETTE

- 4 cuisses de canard confit
- 6 gousses d'ail non pelées
- 1 talon de jambon cru
- 1 cube de bouillon de légumes bio
- 4 pincées de piment d'Espelette
- 1 bocal de haricots blancs à la tomate

VARIANTE

Vous pouvez aussi servir le canard désossé en petits morceaux dans la soupe.

1. Dans un faitout, mettez l'ail, le talon de jambon, le bouillon. Amenez à ébullition puis baissez le feu et laissez mijoter 45 minutes à feu moyen.

2. Au moment de servir, enlevez le talon de jambon (vous pouvez en détacher la viande s'il y en a) et l'ail (vous pouvez le peler et le remettre écrasé si vous aimez). Mettez les haricots et les cuisses de canard dans le bouillon. Tournez la soupe avec une des cuisses.

3. Servez le bouillon avec une cuisse dans chaque bol, le tout saupoudré de piment.

POUR 4 PERSONNES - PRÉPARATION 20 MINUTES - CUISSON 50 MINUTES

POTÉE DU DÉBUTANT

- 1 saucisse de Morteau
- 1 saucisse de Montbéliard
- 1 morceau de poitrine fumée (100 g environ)
- 1 morceau de palette fumée cuite, ou 1 petit jambonneau fumé cuit
- 1 petit chou (ou 4 minis)
- 4 pommes de terre
- 2 poireaux
- 1 oignon
- 1 cube de bouillon de légumes bio
- 1 cuillerée à café de graines de carvi ou de cumin
- 1 cuillerée à café de graines de fenouil (facultatif)
- Raifort
- Pain

1. Épluchez et lavez les légumes. Coupez-les en morceaux, mettez-les dans une petite cocotte avec la poitrine fumée et les épices. Couvrez d'eau, faites bouillir, baissez le feu puis ajoutez le cube de bouillon et les saucisses. Laissez cuire 30 minutes environ à feu assez doux, à découvert.

2. À la fin, mettez la palette ou le jambonneau dans la cocotte pour les réchauffer.

3. Servez le tout avec raifort et pain grillé.

VARIANTE

Vous pouvez remplacer le raifort par de la moutarde.

POUR 4 PERSONNES - PRÉPARATION 20 MINUTES - CUISSON 3 HEURES

LE POT-AUX-ROSES

- 1 kg de viande de porc demi-sel : poitrine, travers de côtes, jarret, palette (1 ou plusieurs morceaux)
- 1 poireau
- 2 carottes
- 1 oignon
- 3 gousses d'ail
- 2 clous de girofle
- 5 baies de genièvre
- 1 bâton de cannelle
- 3 pincées de safran en filaments
- 1 étoile de badiane
- 15 cl de vin blanc doux (type muscat)
- 2 patates douces
- 4 pommes de terre violettes (vitelotte, facultatif)
- 3 bulbes de fenouil

POUR SERVIR

- Chips originales : patate douce, vitelotte, betterave, panais…
- 1 petit morceau de gingembre frais (facultatif)

1. Faites dessaler la viande dans un grand faitout d'eau bouillante pendant 30 minutes. Égouttez.

2. Épluchez les légumes. Remettez la viande dans le faitout et couvrez d'eau froide. Amenez à ébullition, ajoutez le poireau, les carottes, l'oignon, l'ail, les épices et le vin blanc. Baissez le feu et laissez cuire 1 h 30. Ajoutez les patates douces et les pommes de terre violettes puis, au bout de 30 minutes, le fenouil. Laissez cuire encore 30 minutes. La viande doit être bien moelleuse (sinon, poursuivez la cuisson). Sortez la viande, filtrez le bouillon, jetez les aromates.

3. Servez la viande avec un peu de bouillon, les légumes et les chips. Si vous aimez, vous pouvez râper un peu de gingembre sur la viande.

VARIANTE

Vous pouvez aussi utiliser du porc frais que vous n'aurez pas à dessaler, ou un mélange frais et demi-sel.

POUR 4 PERSONNES - PRÉPARATION 15 MINUTES - CUISSON 3 HEURES

POT EL-HANOUT

- 1 à 1,5 kg de viande d'agneau à mijoter : collier, épaule (1 ou plusieurs morceaux)
- 1 cuillerée à café de ras el-hanout
- 1 cuillerée à café de graines de fenouil
- 4 carottes
- 4 navets
- 1 oignon
- 3 brins de persil plat
- 1 ou 2 aubergines
- Sel

POUR SERVIR

- 2 yaourts grecs
- 3 brins de menthe
- 1 citron
- ½ gousse d'ail
- 2 cuillerées à café d'huile d'olive
- Sel
- Pain pita
- Harissa (facultatif)

1. Épluchez les légumes. Mettez la viande dans un grand faitout, couvrez d'eau, ajoutez 1 carotte, 1 navet, 1 oignon, le persil, les épices et du sel. Amenez à ébullition, baissez le feu et laissez mijoter tout doucement, à découvert. Écumez de temps en temps.

2. Préparez une sauce au yaourt. Hachez les feuilles de menthe, mélangez-les avec les yaourts, du jus de citron et un peu de sel.

3. Coupez les légumes restants en tronçons, ajoutez-les à la viande au bout de 2 h 30 et laissez cuire encore 30 minutes. La viande doit être tendre et se détacher des os (sinon, poursuivez la cuisson). Retirez la viande, passez le bouillon à travers une passoire pour le recueillir dans une casserole. Jetez les aromates (oignon, persil).

4. Écrasez à la fourchette la moitié des aubergines avec le sel, l'ail et l'huile d'olive. Servez la viande, le bouillon et les légumes accompagnés de ce « caviar » express, de harissa, de sauce yaourt et de pain frais.

POUR 4 PERSONNES - PRÉPARATION 15 MINUTES - CUISSON 4 HEURES

POTTOCALCIO

- 1 kg de veau (jarret pour osso-buco, poitrine…)
- 2 branches de céleri
- 1 tomate
- 2 carottes
- 1 bouquet garni (thym, laurier, persil)
- 1 oignon
- Sel, poivre

POUR SERVIR

- 1 poignée de roquette
- 4 cuillerées à soupe de pesto
- 4 cuillerées à soupe de mascarpone
- 1 douzaine de toutes petites tomates
- 250 g de tagliatelles fraîches (ou autres pâtes)

1. Lavez les légumes, épluchez les carottes et l'oignon, coupez le céleri en tronçons. Mettez la viande dans un faitout ou une cocotte avec les légumes, la tomate et le bouquet garni. Couvrez d'eau froide, amenez à ébullition, salez, baissez le feu et laissez mijoter tout doucement 3 à 4 heures, à découvert, le temps que la viande soit bien tendre et se détache des os.

2. Sortez la viande, passez le bouillon à travers une passoire, enlevez le bouquet garni et l'oignon. Remettez le bouillon dans le faitout ou la cocotte, amenez à ébullition, salez et poivrez, jetez-y les pâtes et laissez cuire le temps recommandé sur le paquet ou par le traiteur italien.

3. Rincez la roquette et les petites tomates. Découpez le veau en morceaux, de la taille d'une bouchée. Mettez dans les assiettes les pâtes, un peu de bouillon, quelques feuilles de roquette et la viande. Garnissez de tomates cerises coupées en deux et de 1 cuillerée de pesto et de mascarpone par personne. Poivrez.

POUR 4 PERSONNES - PRÉPARATION 5 MINUTES - CUISSON 5 MINUTES - RÉCHAUFFAGE 5 MINUTES

POT NOODLE

- Un reste de pot-au-feu : 2 bols de bouillon et 150 à 200 g de viande
- 50 g de nouilles asiatiques (n'importe lesquelles : de riz, de blé, aux œufs, plates, rondes...)
- 4 brins de menthe
- Sauce soja
- 1 citron vert
- Graines de courge ou de sésame ou cacahuètes

1. Faites chauffer le bouillon. Faites cuire les nouilles dans de l'eau bouillante salée, le temps indiqué sur le paquet.
2. Lavez et effeuillez la menthe, découpez le reste de viande en lamelles. Jetez les graines de courge dans une poêle chaude à sec (sans huile) pour les griller.
3. Mettez les nouilles dans 4 bols, versez du bouillon chaud dessus, ajoutez viande, menthe et graines. Assaisonnez à volonté avec de la sauce soja et du jus de citron vert.

ASTUCE

Si vous avez beaucoup de bouillon, vous pouvez cuire les nouilles dedans.

POUR 4 PERSONNES - PRÉPARATION 15 MINUTES - CUISSON 20 MINUTES

POT-EN-CROÛTE

- Un reste de pot-au-feu : 300 g de viande et 400 g de légumes
- 1 rouleau de pâte feuilletée pur beurre ou de pâte brisée maison
- 4 cuillerées à soupe de moutarde à l'ancienne
- 3 œufs, dont 1 pour la dorure
- 12,5 cl de crème fraîche
- 2 brins de persil plat
- Sel, poivre

1. Préchauffez le four à 200 °C. Découpez la viande et les légumes en dés. Lavez, effeuillez et hachez le persil. Battez ensemble 2 œufs, la crème et la moutarde. Mélangez-les avec la viande, les légumes et le persil. Goûtez, salez et poivrez si nécessaire.

2. Garnissez 4 ramequins de cette préparation. Dans la pâte feuilletée, découpez des disques un peu plus grands que les ramequins. Découpez également des bandes de pâte de 1 cm de large.

3. Garnissez le bord des ramequins avec les bandes de pâte en les collant bien à l'intérieur. Couvrez alors avec les disques de pâte. Pincez tout autour avec le pouce et l'index. Dorez au pinceau avec un œuf battu. Faites un trou au milieu du « couvercle » et mettez au four 20 minutes, le temps que le dessus soit bien doré.

POUR 4 PERSONNES - PRÉPARATION 10 MINUTES - CUISSON 25 MINUTES

WATERZOÏ

- 4 pavés de cabillaud (de 150 à 200 g chacun)
- 1 litre de bouillon de veau
- Herbes mélangées : quelques brins d'estragon, d'aneth, de ciboulette, de persil
- 3 courgettes
- 3 carottes
- 3 pommes de terre
- 50 g de beurre (salé si vous préférez)
- Fleur de sel, poivre

POUR SERVIR (FACULTATIF)

- Tartare d'algues (dans les magasins bio)
- Salicornes en saumure

1. Faites chauffer le bouillon. Lavez et hachez les herbes. Lavez les légumes, épluchez les carottes et les pommes de terre, coupez-les en bâtonnets, ainsi que les courgettes.

2. Plongez les pommes de terre dans le bouillon et laissez cuire 15 minutes. Ajoutez les pavés de cabillaud et les carottes puis, 10 minutes plus tard, les courgettes. Après encore 5 minutes, vérifiez la cuisson du poisson : s'il est bien opaque, si la chair commence à se détacher, c'est prêt. Sinon, poursuivez la cuisson 5 minutes de plus.

3. Ajoutez le beurre et les herbes hachées. Salez, servez avec tartare d'algues et salicornes.

À SAVOIR

Waterzoï veut dire « pot-au-feu » en flamand.

ASTUCE

Si vous n'avez pas de bouillon, vous pouvez réaliser ce pot-au-feu à partir de 1 litre d'eau et de 2 cubes de bouillon de légumes bio.

POUR 4 PERSONNES - PRÉPARATION 10 MINUTES - CUISSON 2 HEURES

POT-AU-THAÏ

- 1 petit morceau de bœuf (gîte, paleron…) de 300 g environ
- 1 morceau de racine de galanga frais (30 g)
- 4 tiges de citronnelle
- 4 racines de coriandre
- 3 feuilles de combava
- 1 petit piment rouge oiseau
- 8 champignons noirs séchés
- 200 g de carpaccio de bœuf
- 20 cl de lait de coco
- 1 citron vert
- 2 brins de coriandre
- Huile pimentée
- Sel, poivre

ASTUCES

Si vous n'avez pas d'huile pimentée, mélangez de l'huile avec une pâte de piment ou avec du Tabasco®. Si certains ingrédients sont difficiles à trouver, vous pouvez les remplacer : la racine de galanga par du gingembre, les racines de coriandre par leurs tiges et les feuilles de combava par un zeste de citron vert.

1. Dans une casserole, mettez la viande avec tous les aromates et les champignons noirs. Couvrez d'eau, salez, amenez à ébullition, puis baissez le feu et laissez cuire à tout petits bouillons environ 2 heures.

2. Sortez la viande et détaillez-la en lamelles. Filtrez le bouillon. Vous pouvez jeter les aromates ou choisir de les garder comme « décor » dans la soupe.

3. Lavez et effeuillez la coriandre. Remettez le bouillon sur feu doux, remettez la viande cuite dedans, versez le lait de coco. Laissez réchauffer 5 minutes. Au moment de servir, ajoutez les lamelles de bœuf cru.

4. Servez avec un peu d'huile pimentée, du jus de citron vert et quelques feuilles de coriandre.

POUR 4 PERSONNES - PRÉPARATION 15 MINUTES - CUISSON 1 H 15

POT-AU-« PHO »

- 2 cuisses de poulet ou de canard
- 1 cube de bouillon de légumes bio
- 2 magrets de canard
- Herbes exotiques : basilic thaï, n'go gai, ciboulette chinoise… (ou de la menthe et de la coriandre)
- 200 g de nouilles de riz
- 1 poignée de pousses de tournesol ou de soja
- 75 g de cacahuètes, de préférence non salées, non grillées
- Sauce nuoc-mâm (si vous n'aimez pas, remplacez par de la sauce soja + 1 citron vert)

ASTUCE

En préparant le bouillon, vous pouvez ajouter tous les aromates que vous avez sous la main : carotte, bouquet garni, céleri, oignon, poivre…

1. Préparez le bouillon : mettez les cuisses de volaille et le cube de bouillon de légumes dans une casserole, couvrez d'eau, amenez à ébullition et laissez mijoter 1 heure au moins. Filtrez le bouillon. Vous pouvez remettre la volaille cuite désossée dans le bouillon.

2. Détaillez la viande en lamelles. Ôtez la peau si vous la trouvez trop grasse. Lavez les herbes. Faites cuire les nouilles selon les instructions du paquet, rincez à l'eau froide puis égouttez.

3. Grillez les cacahuètes soit dans une poêle chaude, à sec, soit dans le haut du four bien chaud, étalées sur une plaque, pendant 6 à 7 minutes. Enlevez leurs peaux en les frottant dans un torchon. Hachez grossièrement, ou passez très brièvement au mixer (attention de ne pas vous retrouver avec une poudre trop fine). Disposez tous ces ingrédients sur un plat.

4. Réchauffez le bouillon. Servez le tout comme une fondue, avec le bouillon maintenu au chaud sur la table sur un chauffe-plats : chacun y plonge de la viande quelques instants, pour une cuisson rosée et tendre, puis choisit sa garniture de nouilles, d'herbes, etc. Vous pouvez aussi cuire la viande avant de servir.

POUR 4 PERSONNES - PRÉPARATION 15 MINUTES - CUISSON 10 MINUTES

POTOFU

- 200 g de nouilles à soupe japonaises : udon, ramen, somen
- 200 g de tofu, par exemple aux herbes ou à la moutarde
- 2 poireaux
- 2 jeunes courgettes
- Un reste de bouillon de pot-au-feu (1 litre environ)
- Algues séchées
- Huile de sésame

1. Faites cuire les nouilles le temps indiqué sur le paquet. Rincez à l'eau froide et égouttez. Mettez dans un bol.
2. Réchauffez le reste de bouillon en y ajoutant les algues séchées.
3. Lavez les légumes et émincez-les le plus finement possible en rondelles transparentes ou en longs filaments. Tranchez le tofu.
4. Servez le bouillon très chaud dans des bols et laissez chacun se servir à son gré de légumes, tofu, huile de sésame.

ASTUCE

Si vous n'aimez pas les algues séchées, remplacez-les par un peu de mirin (vinaigre blanc japonais), un cube de bouillon miso ou encore un peu de sauce soja.

POUR 4 PERSONNES - PRÉPARATION 20 MINUTES - CUISSON 30 MINUTES

POT-AU-GADO

- 2 choux-raves
- 1 céleri-rave
- 3 petites pommes de terre
- 1 poignée de choux de Bruxelles (ou ½ chou vert frisé)
- 4 oignons de printemps
- 1 petite tête de brocoli
- 2 cubes de bouillon de légumes bio

SAUCE FAÇON GADO-GADO

- 3 cuillerées à soupe de beurre de cacahuète
- 1 dé de gingembre frais
- 1 petit piment frais (ou 1 pincée de piment en poudre)
- 1 cuillerée à soupe d'huile
- 1 cuillerée à soupe de jus de citron vert
- 1 cuillerée à café de sucre
- Sel

1. Lavez, épluchez et tranchez les légumes. Mettez dans un grand faitout les choux-raves, le céleri, les pommes de terre, les oignons (gardez leur tige pour servir) et les cubes de bouillon. Couvrez largement d'eau. Amenez à ébullition. Laissez cuire 15 minutes puis ajoutez les choux de Bruxelles (ou frisé) et le brocoli. Laissez cuire 15 minutes de plus.

2. Préparez la sauce. Râpez le gingembre pelé, hachez le piment très finement en ôtant les graines. Mélangez soigneusement tous les ingrédients en dosant le piment à votre convenance. Goûtez et rectifiez, selon votre préférence, la proportion de citron, de sucre et d'huile.

3. Servez les légumes encore fermes avec un peu de leur bouillon et la sauce gado-gado parsemée de piment.

POUR 4 PERSONNES - PRÉPARATION 20 MINUTES

SALADE DE POT-AU-FROID

- Un reste de viande de pot-au-feu (200 g environ) et de légumes cuits (carottes, pommes de terre...)
- Crudités, en saison : un cœur de salade croquante (romaine par exemple)
- 1 douzaine de radis
- 12 grosses câpres ou 6 cornichons hachés
- 12 tomates cerises ou 4 petites tomates, mûres
- 4 oignons de printemps
- 4 champignons de Paris et autres selon votre choix

VINAIGRETTE À LA MOUTARDE

- 2 cuillerées à café de moutarde Savora®
- 2 cuillerées à soupe de vinaigre
- 5 cuillerées à soupe d'huile
- Sel

VINAIGRETTE AU FROMAGE BLEU

- 1 cuillerée à soupe de vinaigre
- 1 cuillerée à soupe d'huile
- 2 cuillerées à soupe de yaourt ou de crème fraîche
- 50 g de bleu émietté

1. Nettoyez, épluchez si nécessaire et découpez les crudités. Arrangez-les sur des assiettes avec la viande et les légumes cuits découpés.

2. Préparez 1 ou 2 vinaigrettes au choix. Mélangez tous les ingrédients de chaque vinaigrette.

3. Servez les assiettes avec les sauces à part.

POUR 4 PERSONNES - PRÉPARATION 25 MINUTES - CUISSON 35 MINUTES

BOULETTES DE POT-AU-FEU

- Un reste de pot el-hanout (voir page 22) ou d'un autre pot-au-feu : environ 300 g de viande cuite, des légumes éventuellement et du bouillon
- 5 cuillerées à soupe de chapelure
- 1 œuf
- 3 cuillerées à café d'épices en tout : ras el-hanout, cannelle, graines de fenouil, de cumin (selon ce que vous avez en stock)
- 4 brins de persil plat
- 4 cuillerées à soupe de farine
- 2 cuillerées à soupe d'huile d'olive
- 1 grosse boîte de tomates
- Piment en poudre ou harissa
- 250 g de riz blanc de Camargue
- Sel, poivre

1. Désossez la viande. Hachez-la finement au couteau. Faites de même avec les légumes et le persil. Battez l'œuf. Tamisez la farine sur une assiette.

2. Dans un grand bol, mélangez viande et légumes hachés, persil, chapelure, épices et œuf. Salez et poivrez. Avec les mains, formez des boulettes de la taille d'une noix.

3. Faites chauffer l'huile dans une petite poêle. Passez les boulettes dans la farine. Secouez doucement l'excédent et posez-les dans l'huile chaude. Faites dorer les boulettes 10 minutes à feu plutôt doux, en les tournant. Posez-les sur du papier absorbant.

4. Essuyez la poêle, versez-y les tomates. Ajoutez 1 verre de bouillon. Écrasez les tomates avec une spatule en bois. Amenez à ébullition, puis baissez le feu et laissez réduire 15 minutes.

5. Cuire le riz avec 2 fois son volume de bouillon (complétez avec de l'eau au besoin), le temps indiqué sur le paquet.

6. Réchauffez les boulettes dans la sauce tomate. Salez et pimentez. Servez les boulettes sur le riz avec la sauce tomate. Garnissez de persil.

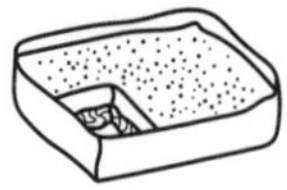

POUR 4 PERSONNES - PRÉPARATION 25 MINUTES - CUISSON 45 MINUTES

HACHIS PARMENTIER CLASSIQUE

- 500 g de bœuf haché
- 2 oignons hachés finement
- 1 poignée de persil haché
- 1 noix de beurre
- Sel, poivre

PURÉE

- 5 belles pommes de terre
- 20 g de beurre
- 10 cl de lait
- 10 cl de crème fraîche ou de crème liquide
- Sel, poivre

1. Préparez la purée de pommes de terre. Épluchez les pommes de terre et coupez-les en morceaux. Faites-les cuire dans de l'eau salée pendant 20 minutes. Égouttez-les et écrasez-les grossièrement avec un presse-purée. Ajoutez la crème, le lait et le beurre. Salez et poivrez.

2. Préchauffez le four à 180 °C. Faites revenir dans un peu de beurre les oignons et la viande hachée. Laissez cuire pendant 5 minutes en remuant régulièrement. Hors du feu, ajoutez le persil. Salez et poivrez.

3. Beurrez un plat allant au four, alternez les couches de purée et de hachis. Enfournez 20 minutes.

CONSEIL

Vous pouvez ajouter à la sortie du four une couche d'oignons caramélisés. Faites revenir des oignons coupés en rondelles dans du beurre et un peu de sucre.

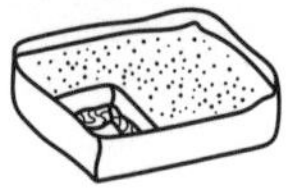

POUR 4 PERSONNES - PRÉPARATION 30 MINUTES - CUISSON 50 MINUTES

HACHIS DE BŒUF AUX TOMATES SÉCHÉES

- 700 g de bœuf haché
- 2 cuillerées à soupe d'huile d'olive
- Quelques tomates séchées à l'huile
- 1 gousse d'ail écrasée
- 1 poignée de pignons de pin hachés
- 1 poignée de basilic haché
- Sel, poivre

PURÉE

- 6 belles pommes de terre (environ 1 kg)
- 20 g de beurre
- 10 cl de lait
- 10 cl de crème fraîche ou de crème liquide
- Sel, poivre

CONSEIL

Ajoutez un peu d'herbes aromatiques fraîches dans la purée de pommes de terre.

1. Préparez la purée de pommes de terre. Épluchez les pommes de terre et coupez-les en morceaux. Faites-les cuire dans de l'eau salée pendant 20 minutes. Égouttez-les et écrasez-les grossièrement avec un presse-purée. Ajoutez la crème, le lait et le beurre. Salez et poivrez.

2. Préchauffez le four à 180 °C. Faites revenir la viande hachée dans l'huile. Laissez cuire 5 minutes en remuant régulièrement.

3. Égouttez les tomates séchées et coupez-les en morceaux. Hors du feu, ajoutez-les à la viande avec les pignons, l'ail et le basilic. Salez et poivrez.

4. Beurrez un plat allant au four, alternez les couches de purée et de hachis. Enfournez 30 minutes.

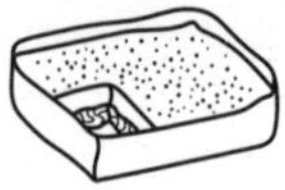

POUR 4 PERSONNES - PRÉPARATION 20 MINUTES - CUISSON 2 H 30

RESTE DE POT-AU-FEU, PURÉE DE CÉLERI-RAVE

- 1 kg de viande à pot-au-feu
- 4 carottes épluchées et coupées en rondelles
- 2 gousses d'ail
- 2 oignons
- 1 céleri-rave coupé en gros morceaux
- 4 blancs de poireaux
- 2 brins de thym
- 1 feuille de laurier
- Sel, poivre

PURÉE

- Le céleri-rave qui a cuit avec la viande
- 1 cuillerée à soupe de vinaigre balsamique (ou de jus de citron)
- Sel, poivre

1. Mettez la viande dans une grande cocotte remplie d'eau froide, portez à ébullition. Écumez régulièrement. Salez et poivrez. Au bout de 40 minutes, ajoutez les légumes et les herbes et faites cuire encore 1 h 30.

2. Lorsque la cuisson est terminée, retirez le céleri pour préparer la purée. À l'aide d'un presse-purée, écrasez-le grossièrement. Ajoutez le vinaigre balsamique ou le jus de citron. Salez et poivrez.

3. Préchauffez le four à 180 °C. Laissez un peu refroidir la viande. Effilochez-la, ajoutez éventuellement les légumes cuits, et étalez-la au fond d'un plat allant au four. Couvrez avec la purée de céleri et enfournez 20 minutes.

VARIANTE

Remplacez la purée de céleri-rave par de la purée de topinambours. Épluchez 1 kg de topinambours et coupez-les en morceaux. Faites-les cuire 20 minutes dans de l'eau salée. Égouttez-les et écrasez-les grossièrement avec un presse-purée. Ajoutez 10 cl de crème, 10 cl de lait et 20 g de beurre. Salez et poivrez.

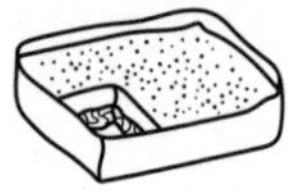

POUR 4 PERSONNES - PRÉPARATION 15 MINUTES - CUISSON 25 MINUTES

PARMENTIER PRINTANIER

- Un reste de pot-au-feu de veau : environ 200 à 300 g de viande cuite et le bouillon (s'il n'en reste plus, utilisez de l'eau salée), les légumes, s'il en reste, ou bien 450 g de fèves pelées ou de petits pois (frais ou surgelés)
- 2 cuillerées à soupe de tapenade noire (avec anchois)
- 30 g de beurre
- 4 cuillerées à soupe de chapelure
- 40 g de parmesan
- 4 brins de cerfeuil
- 5-6 tomates confites (facultatif)
- Sel, poivre

1. Amenez le reste de bouillon à ébullition, jetez-y les fèves et laissez cuire 8 minutes. Désossez la viande. Hachez-la finement, à l'aide d'un bon couteau, sur une planche à découper. Salez et poivrez.

2. Préchauffez le four à 180 °C. Hachez le cerfeuil, râpez le parmesan. Mélangez la chapelure et le parmesan. Écrasez les fèves (ou les légumes du pot-au-feu) avec un presse-purée ou dans un robot, en ajoutant le beurre et un peu de bouillon. Salez et poivrez si nécessaire, ajoutez le cerfeuil.

3. Dans un plat à gratin, déposez une couche de viande, puis une couche de purée de fèves (ou de légumes), puis de nouveau de la viande. Étalez la tapenade, intercalez les tomates confites puis couvrez de fèves. Et, enfin, parsemez le mélange de chapelure et de parmesan.

4. Passez au four 15 minutes, le temps que l'ensemble soit chaud et que le dessus soit doré. Servez avec une salade verte.

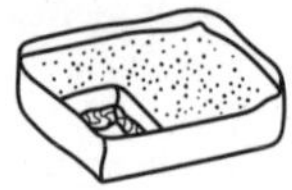

POUR 4 PERSONNES - PRÉPARATION 30 MINUTES - CUISSON 1 HEURE

PARMENTIER DE BŒUF FAÇON THAÏE

- 500 g de bœuf haché
- 2 oignons rouges coupés en rondelles
- 1 bonne poignée de basilic haché
- 1 bonne poignée de menthe hachée
- 2 brins de citronnelle coupés en rondelle
- 3 cuillerées à soupe de nuoc-mâm (sauce de poisson) ou de jus de citron vert
- 1 cuillerée à soupe d'huile d'olive
- Sel, poivre

PURÉE

- 5 belles pommes de terre
- 20 g de beurre
- 10 cl de lait
- 10 cl de crème fraîche ou de crème liquide
- Sel, poivre

1. Préparez la purée de pommes de terre. Épluchez les pommes de terre et coupez-les en morceaux. Faites-les cuire dans de l'eau salée pendant 20 minutes. Égouttez-les et écrasez-les grossièrement avec un presse-purée. Ajoutez la crème, le lait et le beurre. Salez et poivrez.

2. Préchauffez le four à 180 °C. Faites revenir la citronnelle dans un peu d'huile d'olive. Ajoutez la viande hachée. Laissez cuire 5 à 10 minutes en remuant régulièrement. Hors du feu, ajoutez les oignons, les herbes et la sauce de poisson. Salez et poivrez.

3. Beurrez un plat allant au four, alternez les couches de purée et de viande. Enfournez 30 minutes.

CONSEIL

S'il vous reste du mélange de viande, vous pouvez également le servir froid en salade avec un peu de roquette.

POUR 4 PERSONNES - PRÉPARATION 25 MINUTES - CUISSON 45 MINUTES

PARMENTIER DE POULET FUMÉ AU CURRY

- 1 oignon émincé
- 1 poulet fumé émietté
- 2 cuillerées à soupe de pâte de curry
- 1 poignée d'aneth haché
- 2 cuillerées à soupe de crème fraîche
- Huile d'olive
- Sel, poivre

PURÉE

- 5 belles pommes de terre
- 10 cl de crème fraîche ou de crème liquide
- 10 cl de lait
- 20 g de beurre
- Quelques pincées d'aneth
- Sel, poivre

1. Préparez la purée de pommes de terre. Épluchez les pommes de terre et coupez-les en morceaux. Faites-les cuire dans de l'eau salée pendant 20 minutes. Égouttez-les et écrasez-les grossièrement avec un presse-purée. Ajoutez la crème, le lait et le beurre. Salez et poivrez. Ajoutez de l'aneth haché finement.

2. Préchauffez le four à 180 °C. Faites revenir l'oignon dans un peu d'huile puis ajoutez les morceaux de poulet et la pâte de curry. Laissez mijoter 5 minutes. Hors du feu, ajoutez la crème fraîche et l'aneth. Salez et poivrez.

3. Beurrez un plat allant au four, alternez les couches de purée et de poulet. Enfournez 20 minutes.

POUR 4 PERSONNES - PRÉPARATION 30 MINUTES - CUISSON 35 MINUTES

HACHIS À LA CHILIENNE

- 1 oignon
- 1 cuillerée à soupe d'huile d'olive
- 6 épis de maïs cuits (ou 2 boîtes de maïs haché grossièrement)
- 1 poulet rôti
- 20 cl de lait
- 3 œufs
- 10 g de beurre
- 2 cuillerées à café de sucre brun
- Sel, poivre

VARIANTE

Si vous aimez le goût sucré, vous pouvez saupoudrer la dernière couche de sucre et faire caraméliser sous le gril.

1. Préchauffez le four à 180 °C. Faites revenir l'oignon dans un peu d'huile, ajoutez les morceaux de poulet. Laissez mijoter quelques minutes, salez et poivrez.
2. Râpez le maïs grossièrement, ajoutez le lait, le sucre et les jaunes d'œufs. Salez et poivrez.
3. Dans un saladier, montez les blancs d'œufs en neige. Incorporez-les délicatement à la préparation de maïs.
4. Beurrez un plat allant au four, mettez une couche de poulet et couvrez avec la préparation de maïs. Enfournez 30 minutes.

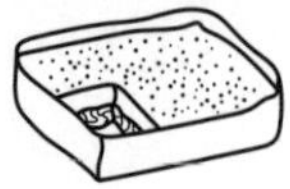

POUR 4 PERSONNES - PRÉPARATION 20 MINUTES - CUISSON 50 MINUTES

PARMENTIER DE LAPIN À LA POLENTA

- 1 cuillerée à soupe d'huile d'olive
- 1 lapin coupé en morceaux
- 25 cl de bouillon de volaille
- 500 g de figues coupées en morceaux
- 1 brin de romarin
- 2 cuillerées à soupe de miel
- 1 cuillerée à soupe de vinaigre balsamique
- 250 g de polenta instantanée
- 500 cl de lait
- Sel, poivre

1. Préchauffez le four 180 °C. Faites dorer dans un peu d'huile les morceaux de lapin sur chaque face. Ajoutez le bouillon, couvrez et laissez mijoter 30 minutes. Retournez les morceaux 1 ou 2 fois. Ajoutez les figues, le romarin, le miel et laissez mijoter 10 minutes sans couvrir. Salez, poivrez et ajoutez le vinaigre balsamique.

2. Pendant la cuisson du lapin, faites cuire la polenta dans le lait en suivant les indications du paquet.

3. Lorsque le lapin est cuit, laissez-le refroidir un peu. Effilochez-le et intégrez les figues. Beurrez un plat allant au four, alternez les couches de polenta et de lapin et enfournez 10 minutes.

POUR 4 PERSONNES - PRÉPARATION 35 MINUTES - CUISSON 1 H 10

PARMENTIER DE LAPIN AU CHÈVRE

- 2 cuillerées à soupe d'huile d'olive
- 1 oignon émincé
- 1 gousse d'ail
- 1 lapin coupé en morceaux
- 25 cl de bouillon de volaille
- 1 petite boîte de tomates pelées
ou 4 tomates pelées et coupées en morceaux
- Quelques feuilles de sauge
- Sel, poivre
- 20 g de beurre

PURÉE

- 5 pommes de terre
- 10 cl de crème fraîche ou de crème liquide
- 30 g de beurre
- 10 cl de lait
- 100 g de fromage de chèvre
au goût prononcé
- 1 poignée de ciboulette
- Sel, poivre

1. Préparez la purée de pommes de terre. Épluchez les pommes de terre et coupez-les en morceaux. Faites-les cuire dans de l'eau salée pendant 20 minutes. Égouttez-les et écrasez-les grossièrement avec un presse-purée. Ajoutez la crème, le lait et le beurre. Salez et poivrez. Ajoutez le fromage de chèvre coupé en morceaux et la ciboulette hachée finement.

2. Dans un faitout, faites revenir dans un peu d'huile l'oignon et l'ail, ajoutez les morceaux de lapin et faites-les dorer sur tous les côtés. Ajoutez le bouillon, les tomates et la sauge, couvrez et laissez mijoter 30 minutes. Retournez les morceaux 1 ou 2 fois. Salez et poivrez.

3. Laissez refroidir un peu les morceaux de lapin, effilochez la chair à la main.

4. Beurrez un plat allant au four, alternez les couches de purée et de lapin et enfournez à four chaud 20 minutes.

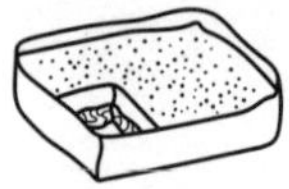

POUR 4 PERSONNES - PRÉPARATION 30 MINUTES - CUISSON 1 H 30

HACHIS DE GIGOT D'AGNEAU & AUBERGINES

- 1 gigot d'agneau
(ou, plus économique, 1 épaule d'agneau)
- 15 cl d'huile d'olive
- 4 gousses d'ail
- 1 poignée de thym haché
- Sel, poivre

PURÉE

- 4 aubergines
- 4 cuillerées à soupe de crème fraîche
- 1 poignée de persil haché finement
- 1 cuillerée à soupe de jus de citron
- Sel, poivre

ASTUCES

Vous pouvez aussi faire cuire les aubergines au micro-ondes. Piquez-les à la fourchette, faites-les cuire 15 minutes puis laissez-les reposer 15 minutes avant de les ouvrir.
Vous pouvez remplacer le persil par d'autres herbes aromatiques (basilic, cerfeuil, thym...).

1. Préchauffez le four à 200 °C. Faites cuire les aubergines pendant 20 minutes. Laissez-les refroidir puis ouvrez-les et raclez la pulpe à la cuillère. Passez au mixeur avec la crème fraîche. Ajoutez le persil et le jus de citron. Salez et poivrez.

2. Préparez le gigot. Massez le gigot avec l'huile d'olive pendant 5 minutes. Avec un couteau pointu, faites des incisions dans le gigot et enfoncez 1 gousse d'ail dans chacune. Parsemez de thym et poivrez.

3. Mettez le gigot dans un plat contenant 25 cl d'eau et faites-le cuire 40 minutes en arrosant fréquemment avec le jus de cuisson. Salez 15 minutes avant la fin de la cuisson.

4. Laissez un peu refroidir la viande avant de l'effilocher. Mettez-la dans un plat beurré allant au four. Couvrez avec la purée d'aubergines et enfournez 30 minutes à 180 °C.

POUR 4 PERSONNES - PRÉPARATION 35 MINUTES - CUISSON 50 MINUTES

HACHIS D'AGNEAU À LA GRECQUE

- 1 cuillerée à soupe d'huile d'olive
- 1 oignon émincé
- 1 gousse d'ail
- 3 courgettes
- 500 g d'agneau haché (demandez à votre boucher de hacher la viande)
- 200 g de feta
- 1 verre de menthe ciselée
- 1 gousse d'ail écrasée
- Sel, poivre

PURÉE

- 5 ou 6 belles pommes de terre
- 10 cl de crème fraîche ou de crème liquide
- 10 cl de lait
- 30 g de beurre
- Sel, poivre

VARIANTE

Remplacez la purée de pommes de terre par de la purée de courgettes. Faites revenir 2 oignons émincés dans un peu d'huile d'olive, ajoutez 6 courgettes coupées en cubes, un peu d'eau, couvrez et laissez cuire 20 minutes. Hors du feu, passez le mélange au presse-purée et ajoutez 10 cl de crème fraîche.

1. Préparez la purée de pommes de terre. Épluchez les pommes de terre et coupez-les en morceaux. Faites-les cuire dans de l'eau salée pendant 20 minutes. Égouttez-les et écrasez-les grossièrement avec un presse-purée. Ajoutez la crème, le lait et le beurre. Salez et poivrez.

2. Préchauffez le four à 180 °C. Faites revenir dans un peu d'huile l'oignon et l'ail, ajoutez les courgettes coupées en petits morceaux et le hachis d'agneau. Laissez mijoter 5 minutes. Hors du feu, ajoutez la feta coupée en petits morceaux et la menthe. Salez, poivrez et mélangez jusqu'à ce que le mélange soit bien homogène.

3. Beurrez un plat allant au four, alternez les couches de purée et de hachis. Enfournez 30 minutes.

POUR 4 PERSONNES - PRÉPARATION 45 MINUTES - CUISSON 40 MINUTES

HACHIS DE CONFIT DE CANARD AUX BOLETS

- 3 cuisses de canard confites
(ou 1 boîte de 600 g de confit de canard)
- 250 g de bolets
- 3 échalotes hachées
- 1 gousse d'ail écrasée
- 1 poignée de persil haché
- Sel, poivre

PURÉE

- 5 ou 6 belles pommes de terre
- 30 g de beurre
- 10 cl de lait
- 10 cl de crème fraîche ou de crème liquide
- Sel, poivre

1. Préparez la purée de pommes de terre. Épluchez les pommes de terre et coupez-les en morceaux. Faites-les cuire dans de l'eau salée pendant 20 minutes. Égouttez-les et écrasez-les grossièrement avec un presse-purée. Ajoutez la crème, le lait et le beurre. Salez et poivrez.

2. Pendant la cuisson de la purée, passez les morceaux de canard confits à la poêle pour en enlever la graisse. Ôtez la peau et le gras du canard. Émiettez la viande.

3. Préchauffez le four à 180 °C. Faites revenir les échalotes et l'ail dans un peu de graisse de canard, ajoutez les bolets coupés en morceaux. Hors du feu, ajoutez le persil. Salez et poivrez.

4. Beurrez un plat allant au four. Alternez des couches de purée de pommes de terre, de canard et terminez par une couche de bolets. Enfournez 20 minutes.

POUR 4 PERSONNES - PRÉPARATION 45 MINUTES - CUISSON 1 HEURE

PARMENTIER DE CONFIT DE CANARD AUX POMMES

- 3 cuisses de canard confites
(ou 1 boîte de 600 g de confit de canard)
- 3 pommes canada coupées en morceaux
- 2 oignons hachés finement
- Le jus de ½ citron
- Sel, poivre

PURÉE

- 5 ou 6 belles pommes de terre
- 30 g de beurre
- 10 cl de lait
- 10 cl de crème fraîche ou de crème liquide
- Sel, poivre

1. Préparez la purée de pommes de terre. Épluchez les pommes de terre et coupez-les en morceaux. Faites-les cuire dans de l'eau salée pendant 20 minutes. Égouttez-les et écrasez-les grossièrement avec un presse-purée. Ajoutez la crème, le lait et le beurre. Salez et poivrez.

2. Préchauffez le four à 180 °C. Passez les morceaux de canard confits à la poêle pour en enlever la graisse. Enlevez la peau et le gras du canard. Émiettez la viande.

3. Épluchez les pommes et coupez-les en morceaux. Mettez-les dans un saladier et ajoutez le jus de citron.

4. Faites revenir les oignons dans un peu de graisse de canard. Ajoutez les pommes et le canard. Couvrez et laissez mijoter 20 minutes. Salez et poivrez.

5. Beurrez un plat allant au four, alternez les couches de purée et de viande. Enfournez 20 minutes.

VARIANTE

Suivant la saison, remplacez les pommes par des pêches, des figues, des raisins, des poires, etc.

POUR 4 PERSONNES - PRÉPARATION 35 MINUTES - CUISSON 40 MINUTES

PARMENTIER DE CANARD AU POTIRON

- 3 cuisses de canard confites
(ou 1 boîte de 600 g de confit de canard)

PURÉE

- 500 g de potiron
(ou de purée de potiron surgelée)
- 20 g de parmesan râpé
- 1 cuillerée à soupe de cannelle
- Sel, poivre

VARIANTE

Vous pouvez mélanger la purée de potiron avec de la purée de pommes de terre.

1. Coupez et épépinez le potiron. Coupez-le en morceaux. Faites-les revenir dans un peu de graisse de canard pendant 10 minutes environ. Ajoutez un peu d'eau, couvrez et poursuivez la cuisson jusqu'à ce que le potiron soit bien cuit. Réduisez-le en purée. Hors du feu, ajoutez le parmesan et la cannelle. Salez et poivrez.

2. Préchauffez le four à 180 °C. Passez les morceaux de canard confits à la poêle pour en enlever la graisse. Enlevez la peau et le gras du canard. Émiettez la viande. Réservez un peu de graisse de canard.

3. Beurrez un plat allant au four, alternez les couches de purée et de viande. Enfournez 15 minutes.

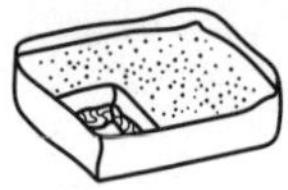

POUR 4 PERSONNES - PRÉPARATION 20 MINUTES - CUISSON 45 MINUTES

HACHIS DE VIANDES MÉLANGÉES

- Restes de poulet
- Restes de canard
- Restes de pot-au-feu
- 2 cuillerées à soupe d'huile
- 2 oignons
- 1 gousse d'ail écrasée
- 1 poignée d'herbes fraîches (persil, ciboulette, estragon, thym, menthe, etc.)
- Sel, poivre

PURÉE

- 5 pommes de terre
- 30 g de beurre
- 10 cl de lait
- 10 cl de crème fraîche ou de crème liquide
- Sel, poivre

1. Préparez la purée de pommes de terre. Épluchez les pommes de terre et coupez-les en morceaux. Faites-les cuire dans de l'eau salée pendant 20 minutes. Égouttez-les et écrasez-les grossièrement avec un presse-purée. Ajoutez la crème, le lait et le beurre. Salez et poivrez.

2. Préchauffez le four à 180 °C. Faites revenir dans l'huile les oignons, ajoutez les morceaux de viande et l'ail. Laissez mijoter pendant 5 minutes. Hors du feu, ajoutez les herbes fraîches finement hachées. Salez, poivrez.

3. Beurrez un plat allant au four, alternez les couches de purée et de viande. Enfournez 20 minutes.

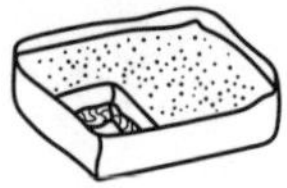

POUR 4 PERSONNES - PRÉPARATION 20 MINUTES - CUISSON 50 MINUTES

PARMENTIER DE BOUDIN NOIR

- 1 cuillerée à soupe d'huile d'olive
- 2 oignons émincés
- 300 g de châtaignes coupées en morceaux
- 500 g de boudin noir
- Sel, poivre

PURÉE

- 5 belles pommes de terre
- 10 cl de crème fraîche ou de crème liquide
- 10 cl de lait
- 30 g de beurre
- Sel, poivre

VARIANTE

Remplacez les châtaignes par des pommes, des raisins, etc.

1. Préparez la purée de pommes de terre. Épluchez les pommes de terre et coupez-les en morceaux. Faites-les cuire dans de l'eau salée pendant 20 minutes. Égouttez-les et écrasez-les grossièrement avec un presse-purée. Ajoutez la crème, le lait et le beurre. Salez et poivrez.

2. Préchauffez le four à 180 °C. Faites revenir dans l'huile les oignons et les châtaignes pendant 2 à 3 minutes. Ôtez le boyau du boudin et faites-le poêler avec les oignons et les châtaignes. Salez et poivrez.

3. Beurrez un plat allant au four, alternez les couches de purée et de boudin. Enfournez 30 minutes.

POUR 4 PERSONNES - PRÉPARATION 25 MINUTES - CUISSON 50 MINUTES

PARMENTIER DE POISSON À LA PATATE DOUCE

- 800 g de filet de poisson
- 2 cuillerées à soupe de jus de citron
- Sel, poivre

PURÉE

- 5 ou 6 patates douces
- 10 cl de crème liquide
- 20 g de beurre
- 1 gousse d'ail écrasée
- 2 cuillerées à café de paprika

1. Épluchez les patates douces et coupez-les en morceaux. Faites-les cuire 30 minutes dans de l'eau salée. Égouttez-les et écrasez-les grossièrement avec un presse-purée. Ajoutez la crème, le beurre, l'ail et le paprika. Salez et poivrez.

2. Préchauffez le four à 180 °C. Coupez le filet de poisson en petits morceaux et disposez-les dans un plat beurré allant au four. Arrosez-les avec le jus de citron, salez et poivrez. Recouvrez le poisson de la purée et enfournez 20 minutes.

POUR 4 PERSONNES - PRÉPARATION 35 MINUTES - CUISSON 1 H 10

HACHIS DE SAUMON AUX PETITS LÉGUMES

- 800 g de saumon en morceaux
- 2 cuillerées à soupe de jus de citron
- 2 cuillerées à soupe d'huile d'olive
- 1 fenouil coupé en morceaux
- 2 carottes coupées en rondelles
- 2 poireaux coupés en rondelles
- 20 cl de crème fraîche
- 1 œuf
- Sel, poivre

PURÉE

- 5 ou 6 pommes de terre
- 10 cl de crème fraîche ou de crème liquide
- 10 cl de lait
- 20 g de beurre
- Sel, poivre

VARIANTE

Vous pouvez aussi mélanger le saumon avec la préparation aux légumes.

1. Préparez la purée de pommes de terre. Épluchez les pommes de terre et coupez-les en morceaux. Faites-les cuire dans de l'eau salée pendant 20 minutes. Égouttez-les et écrasez-les grossièrement avec un presse-purée. Ajoutez la crème, le lait et le beurre. Salez et poivrez.

2. Préchauffez le four à 180 °C. Dans une casserole, faites revenir les carottes, le fenouil et les poireaux dans un peu d'huile. Salez. Ajoutez un peu d'eau froide et laissez cuire 20 minutes à couvert. Retirez du feu.

3. Dans un saladier, mélangez les morceaux de saumon avec le jus de citron. Salez et poivrez.

4. Battez la crème fraîche avec l'œuf. Salez et poivrez. Ajoutez cette préparation aux légumes et mélangez.

5. Beurrez un plat allant au four et alternez les couches de légumes, de saumon et de purée de pommes de terre. Enfournez 40 minutes.

POUR 4 PERSONNES - DESSALAGE 1 NUIT - PRÉPARATION 30 MINUTES - CUISSON 50 MINUTES

PARMENTIER DE MORUE

- 800 g de filet de morue dessalée
- 1 gousse d'ail
- 20 cl de lait
- 2 verres d'huile d'olive
- 1 cuillerée à soupe de jus de citron
- Poivre

PURÉE

- 5 ou 6 pommes de terre
- 10 cl de crème fraîche ou de crème liquide
- 10 cl de lait
- 20 g de beurre
- Sel, poivre

VARIANTE

Vous pouvez ajouter des olives noires dans la brandade de morue. S'il vous reste de la brandade de morue, tartinez-la sur des tranches de pain de campagne grillées et servez en apéritif.

1. Faites dessaler les filets de morue dans de l'eau froide pendant 12 heures en renouvelant celle-ci plusieurs fois.

2. Préparez la purée de pommes de terre. Épluchez les pommes de terre et coupez-les en morceaux. Faites-les cuire dans de l'eau salée pendant 20 minutes. Égouttez-les et écrasez-les grossièrement avec un presse-purée. Ajoutez la crème, le lait et le beurre. Salez et poivrez.

3. Égouttez les filets et mettez-les dans une casserole, couvrez d'eau froide et portez lentement à ébullition, puis baissez le feu et laissez pocher pendant 10 minutes.

4. Préchauffez le four à 180 °C. Égouttez la morue, effeuillez-la et retirez les arêtes. Écrasez grossièrement la gousse d'ail, ajoutez-la au poisson et travaillez avec une cuillère en bois. Ajoutez l'huile d'olive petit à petit, en tournant énergiquement. Dès que l'huile est absorbée, ajoutez un peu de lait et continuez à travailler. Ajoutez le jus de citron et poivrez.

5. Beurrez un plat allant au four, alternez les couches de purée de pommes de terre et de morue. Enfournez 20 minutes.

POUR 4 PERSONNES - PRÉPARATION 30 MINUTES - CUISSON 1 H 30

CABILLAUD AU CHOU ROUGE SUCRÉ-SALÉ

- 1 kg de filet de cabillaud
(ou tout autre poisson à chair blanche)
- ½ chou rouge
- 3 oignons émincés
- 1 cuillerée à soupe de sucre brun
- 1 cuillerée à café de cumin moulu (facultatif)
- 1 feuille de laurier
- 12,5 cl de vinaigre de cidre
(ou de vinaigre balsamique)
- Le jus de ½ citron
- 2 cuillerées à soupe d'huile d'olive
- Sel, poivre

PURÉE

- 5 ou 6 pommes de terre
- 10 cl de crème fraîche ou de crème liquide
- 10 cl de lait
- 20 g de beurre
- Sel, poivre

1. Émincez finement le chou rouge. Faites revenir les oignons dans un peu d'huile et ajoutez le sucre. Poursuivez la cuisson jusqu'à l'obtention d'un début de caramel. Ajoutez le chou, le cumin, le laurier et le vinaigre. Couvrez et laissez mijoter à feu doux pendant 1 heure. Si le chou n'est pas cuit et que le liquide s'est évaporé, ajoutez un peu d'eau. Salez et poivrez.

2. Préparez la purée de pommes de terre. Épluchez les pommes de terre et coupez-les en morceaux. Faites-les cuire dans de l'eau salée pendant 20 minutes. Égouttez-les et écrasez-les grossièrement avec un presse-purée. Ajoutez la crème, le lait et le beurre. Salez et poivrez.

3. Préchauffez le four à 180 °C. Disposez les filets de poisson dans un plat, arrosez-les avec le jus de citron et l'huile d'olive, salez et poivrez. Enfournez 20 minutes. Lorsque le poisson est cuit, laissez-le refroidir un peu avant de l'effilocher.

4. Dans le même plat, alternez des couches de purée de pommes de terre, de poisson et de chou. Enfournez 15 minutes.

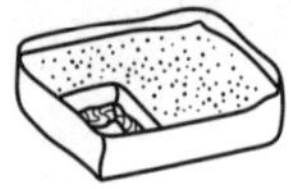

POUR 4 PERSONNES - PRÉPARATION 20 MINUTES - CUISSON 1 H 20

HACHIS DE JULIENNE AUX LENTILLES

- 800 g de filet de julienne
- 3 cuillerées à soupe de jus de citron
- 2 cuillerées à soupe d'huile d'olive
- 200 g de lentilles
- 2 feuilles de laurier
- 1 gousse d'ail hachée
- 1 oignon émincé
- 1 tomate pelée et coupée en morceaux
- 3 cuillerées à soupe de pesto
- 2 cuillerées à soupe de basilic haché grossièrement
- Sel, poivre

PURÉE

- 5 ou 6 pommes de terre
- 10 cl de crème fraîche ou de crème liquide
- 10 cl de lait
- 20 g de beurre
- Sel, poivre

VARIANTE

Pour un plat plus léger, n'utilisez que le poisson et les lentilles. Vous pouvez aussi utiliser des lentilles corail.

1. Faites cuire les lentilles avec l'oignon, l'ail et les feuilles de laurier selon les indications du paquet. Comptez 25 à 30 minutes de cuisson.

2. Préparez la purée de pommes de terre. Épluchez les pommes de terre et coupez-les en morceaux. Faites-les cuire dans de l'eau salée pendant 20 minutes. Égouttez-les et écrasez-les grossièrement avec un presse-purée. Ajoutez la crème, le lait et le beurre. Salez et poivrez.

3. Préchauffez le four à 180 °C. Disposez les filets de poisson dans un plat, arrosez-les avec le jus de citron et l'huile d'olive. Salez, poivrez et faites cuire 20 minutes au four.

4. Égouttez les lentilles et ajoutez le pesto, le basilic et la tomate. Poivrez et salez.

5. Lorsque le poisson est cuit, laissez-le refroidir un peu avant de l'effilocher. Dans le même plat, alternez des couches de purée de pommes de terre, de poisson et de lentilles. Enfournez 15 minutes.

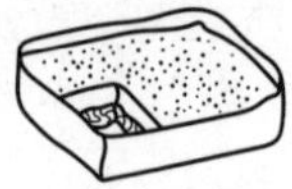

POUR 4 PERSONNES - PRÉPARATION 30 MINUTES - CUISSON 50 MINUTES

PARMENTIER DE LARDONS & HARICOTS ROUGES

- 200 g de lardons fumés
- 1 boîte de haricots rouges
- 1 cuillerée à soupe de crème fraîche
- Poivre

PURÉE

- 6 belles pommes de terre (environ 1 kg)
- 20 g de beurre
- 10 cl de lait
- 10 cl de crème fraîche ou de crème liquide
- Sel, poivre

1. Préparez la purée de pommes de terre. Épluchez les pommes de terre et coupez-les en morceaux. Faites-les cuire dans de l'eau salée pendant 20 minutes. Égouttez-les et écrasez-les grossièrement avec un presse-purée. Ajoutez la crème, le lait et le beurre. Salez et poivrez.

2. Préchauffez le four à 180 °C. Faites revenir les lardons dans une poêle jusqu'à ce qu'ils soient bien dorés. Ajoutez les haricots rouges, couvrez et laissez cuire pendant 10 minutes environ.

3. Hors du feu, écrasez les haricots avec une fourchette et ajoutez la crème fraîche. Poivrez.

4. Beurrez un plat allant au four, alternez les couches de purée et de haricots aux lardons. Enfournez 20 minutes.

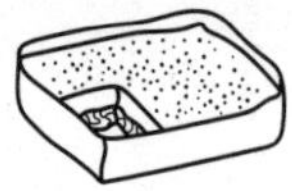

POUR 4 PERSONNES - PRÉPARATION 30 MINUTES - CUISSON 40 MINUTES

CŒUR D'ARTICHAUT, POIVRON ROUGE

- 200 g de cœurs d'artichaut surgelés
- 2 poivrons rouges
- 1 gousse d'ail écrasée
- 1 pincée de cumin moulu
- 1 cuillerée à soupe d'huile d'olive
- Sel, poivre

PURÉE

- 6 belles pommes de terre (environ 1 kg)
- 20 g de beurre
- 10 cl de lait
- 10 cl de crème fraîche ou de crème liquide
- Sel, poivre

CONSEIL

Vous pouvez servir ce hachis en accompagnement ou avec une salade verte.

1. Préparez la purée de pommes de terre. Épluchez les pommes de terre et coupez-les en morceaux. Faites-les cuire dans de l'eau salée pendant 20 minutes. Égouttez-les et écrasez-les grossièrement avec un presse-purée. Ajoutez la crème, le lait et le beurre. Salez et poivrez.

2. Préchauffez le four à 180 °C. Coupez les artichauts et les poivrons en petits morceaux et faites-les revenir dans l'huile d'olive jusqu'à ce qu'ils soient bien cuits. Ajoutez l'ail et le cumin. Salez et poivrez.

3. Beurrez un plat allant au four. Alternez des couches de purée de pommes de terre et de fondue artichauts-poivrons. Enfournez 15 minutes.

POUR 4 PERSONNES - PRÉPARATION 45 MINUTES - CUISSON 1 HEURE

TOMATES FARCIES

- 8 tomates charnues
- 2 gousses d'ail
- 1 oignon
- 2 échalotes
- 3 cuillerées à soupe d'huile d'olive
- 400 g de chair à saucisse
- 300 g de bœuf haché
- 1 bouquet de persil plat
- 1 bouquet de coriandre
- 1 pointe de couteau de noix de muscade râpée
- 1 pointe de couteau de quatre-épices
- 1 pointe de couteau de paprika
- Sel, poivre

1. Coupez les chapeaux des tomates et mettez-les de côté. À l'aide d'une cuillère, retirez chair et pépins à l'intérieur des tomates. Coupez la chair retirée en dés. Salez l'intérieur des tomates et retournez-les sur une feuille de papier absorbant.

2. Épluchez et émincez l'ail, l'oignon et les échalotes puis faites-les revenir dans une poêle avec l'huile d'olive. Ajoutez la chair à saucisse, la viande de bœuf et la concassée de tomate. Retournez régulièrement les viandes pour qu'elles soient bien cuites. Salez et poivrez.

3. Dans le bol du mixeur, versez les viandes cuites, les herbes lavées et équeutées. Ajoutez les épices. Hachez finement.

4. Garnissez les tomates de cette préparation. Placez-les dans un plat à four et enfournez 40 minutes. En milieu de cuisson, posez les chapeaux sur les tomates.

POUR 4 PERSONNES - PRÉPARATION 35 MINUTES - CUISSON 50 MINUTES

POIVRONS FARCIS

- 4 poivrons rouges ou verts
- 100 g d'olives noires
- 30 g de pignons de pin
- 1 bouquet de basilic
- 4 tranches fines de jambon de Parme
- 1 fromage de chèvre frais
- 4 cuillerées à soupe de grosses câpres au vinaigre
- Huile d'olive
- Sel, poivre

1. Préchauffez le four à 180 °C. Coupez le chapeau des poivrons et ôtez les pépins. Dénoyautez les olives noires puis coupez-les en petits morceaux. Faites griller les pignons à sec dans une poêle antiadhésive. Lavez le basilic et ciselez les feuilles. Coupez le jambon en fines lanières. Écrasez le fromage de chèvre à la fourchette.

2. Mélangez le jambon, les câpres, les olives noires, les pignons, le fromage et le basilic. Mélangez bien puis vérifiez l'assaisonnement.

3. Répartissez cette farce dans les poivrons. Posez-les dans un plat à four, arrosez d'un filet d'huile d'olive, replacez les chapeaux et enfournez 50 minutes.

POUR 4 PERSONNES - PRÉPARATION 15 MINUTES - CUISSON 20 MINUTES

COURGETTES RONDES À LA MOZZARELLA

- 4 courgettes rondes
- 1 mozzarella de bufflonne
- 1 bouquet de coriandre
- 4 cuillerées à soupe d'huile d'olive
- Thym
- Sel, poivre

1. Lavez les courgettes puis mettez-les dans une grande casserole d'eau salée. Faites-les blanchir pendant 10 minutes puis rafraîchissez-les sous un filet d'eau froide. Coupez les chapeaux des courgettes et évidez l'intérieur à l'aide d'une petite cuillère.

2. Préchauffez le four à 180 °C. Égouttez la mozzarella. Coupez-la en petits dés. Lavez la coriandre et ciselez les feuilles.

3. Dans un saladier, réunissez la mozzarella et la coriandre. Salez, poivrez, parsemez de thym puis arrosez d'huile d'olive.

4. Remplissez les courgettes évidées de cette préparation. Posez-les dans un plat à four et enfournez 10 minutes. La mozzarella sera fondue et les courgettes encore al dente.

POUR 4 PERSONNES - PRÉPARATION 30 MINUTES - CUISSON 45 MINUTES

AUBERGINES À L'ORIENTALE

- 4 aubergines moyennes
- 3 tranches de pain de mie
- 4 cuillerées à soupe de lait
- 3 gousses d'ail
- 2 échalotes
- 1 bouquet de basilic
- 1 bouquet de persil plat
- 500 g de restes de gigot
- 1 œuf
- 2 cuillerées à café de cumin moulu
- Huile d'olive
- Sel, poivre

1. Préchauffez le four à 200 °C. Coupez les aubergines en deux dans le sens de la longueur puis enfournez-les 15 minutes. Sortez-les du four puis évidez-les à l'aide d'une cuillère. Coupez la chair en morceaux.

2. Ôtez la croûte des tranches de pain de mie puis faites tremper ces dernières dans du lait. Épluchez puis émincez l'ail et les échalotes. Lavez le basilic et le persil puis ciselez les feuilles.

3. Mixez finement la viande d'agneau avec les morceaux de chair d'aubergine. Dans un saladier, rassemblez la viande hachée, les herbes, la mie de pain essorée, l'ail et les échalotes. Salez, poivrez et saupoudrez de cumin. Ajoutez l'œuf et mélangez bien.

4. Remplissez les aubergines de cette préparation. Arrosez d'huile d'olive. Enfournez 25 à 30 minutes à 180 °C, selon la taille des aubergines.

POUR 4 PERSONNES - DESSALAGE 24 HEURES - PRÉPARATION 35 MINUTES - CUISSON 25 MINUTES

PIQUILLOS À LA MORUE

- 400 g de morue salée
- 2 gousses d'ail
- 2 oignons
- 4 cuillerées à soupe de crème fraîche
- 1 bouquet de persil plat
- 12 pimientos del piquillo (petits poivrons espagnols, de forme allongée, en conserve à défaut d'en trouver des frais)
- Huile d'olive
- Sel, poivre

1. Faites tremper la morue au moins 24 heures en changeant l'eau régulièrement. Une fois dessalée, faites-la cuire à l'eau frémissante pendant 10 minutes. Épluchez-la, retirez les arêtes et la peau.

2. Préchauffez le four à 180 °C. Épluchez l'ail et les oignons. Dans le bol d'un mixeur, placez la morue, la crème fraîche, le persil, l'ail et les oignons. Mixez pour obtenir une crème très souple. Si le mélange est trop sec, ajoutez de la crème fraîche. Vérifiez l'assaisonnement et poivrez.

3. Farcissez les piquillos de cette préparation. Alignez-les dans un plat allant au four et versez un filet d'huile d'olive. Enfournez 10 minutes.

POUR 4 PERSONNES - PRÉPARATION 30 MINUTES - CUISSON 1 H 30

OIGNONS FARCIS

- 4 beaux oignons roses (type oignon de Roscoff) ou rouges
- 4 oignons jaunes
- 50 g de beurre
- 4 cuillerées à soupe de sucre roux
- 50 g de raisins blonds
- Épices
- ½ cuillerée à café de cumin moulu
- 1 bol de bouillon de volaille (cube) ou de bouillon de poireau
- Sel, poivre

1. Préchauffez le four à 160 °C. Épluchez soigneusement les oignons roses, coupez leur chapeau et creusez l'intérieur de chaque oignon. Épluchez les oignons jaunes et émincez-les avec la chair retirée des oignons roses.

2. Faites chauffer le beurre dans une poêle et versez les oignons émincés. Saupoudrez de sucre roux. Ajoutez les raisins. Mélangez bien. Laissez les oignons blondir mais veillez à ce qu'ils ne noircissent pas. Régulièrement, versez un peu de bouillon, saupoudrez d'épices puis mélangez de nouveau. Laissez cuire jusqu'à ce que les oignons deviennent translucides et forment une compote. Rectifiez l'assaisonnement.

3. Farcissez les oignons roses de cette préparation. Posez les chapeaux sur les oignons, disposez-les dans un plat allant au four et enfournez 1 heure. Pour que les oignons ne se dessèchent pas à la cuisson, versez 2 cuillerées à soupe de bouillon dans le fond du plat.

POUR 4 PERSONNES - PRÉPARATION 20 MINUTES - CUISSON 20 MINUTES

CHAMPIGNONS FARCIS

- 10 champignons de Paris blancs de taille moyenne
- 1 bouquet de ciboulette
- 1 gousse d'ail
- 2 cuillerées à soupe de fond de veau en cube ou en poudre
- 1 pointe de curry
- Huile d'olive
- Sel, poivre

1. Préchauffez le four à 180 °C. Lavez les champignons et coupez les pieds terreux. Conservez 8 belles têtes. Dans le bol d'un mixeur, réunissez les morceaux de champignon (à l'exception des 8 têtes), les fines herbes et l'ail. Mixez finement.

2. Versez cette préparation dans un bol, ajoutez le fond de veau (ou un reste de jus de rôti), du sel, du poivre et du curry. Mélangez bien.

3. Farcissez les têtes de champignon avec ce mélange. Disposez-les dans un plat allant au four et arrosez d'un filet d'huile d'olive. Enfournez 20 minutes.

POUR 4 PERSONNES - PRÉPARATION 30 MINUTES - CUISSON 1 HEURE

POMMES DE TERRE FARCIES

- 4 grosses pommes de terre bintje
- 2 oignons
- 1 bouquet de persil
- 75 g de beurre
- 200 g de chair à saucisse
- Sel, poivre

1. Préchauffez le four à 200 °C. Lavez les pommes de terre et faites-les cuire au four pendant 30 minutes.

2. Épluchez et émincez les oignons. Lavez et ciselez le persil. Faites fondre 25 g de beurre dans une poêle, ajoutez les oignons et laissez-les blondir. Ajoutez la chair à saucisse, écrasez à la fourchette et laissez cuire 15 minutes.

3. Sortez les pommes de terre du four, coupez leur chapeau, évidez-les et conservez la chair.

4. Écrasez la chair des pommes de terre avec le reste de beurre. Ajoutez le persil haché et la chair à saucisse cuite. Mélangez.

5. Farcissez les pommes de terre évidées de cette préparation puis placez-les dans un plat à four. Enfournez 20 minutes. Servez avec une salade verte.

POUR 6 PERSONNES - PRÉPARATION 35 MINUTES - CUISSON 1 HEURE

PETITES FEUILLES DE CHOU AU CANARD

- 1 chou vert
- 2 magrets de canard
- La mie de 3 tranches de pain
- 2 cuillerées à soupe de lait
- 2 gousses d'ail
- 2 échalotes
- Huile d'olive
- 1 bouquet de coriandre
- Le zeste de 1 orange
- 1 bocal de coulis de tomates
- Sel, poivre

1. Mettez la mie de pain à tremper dans le lait.

2. Séparez les feuilles du trognon du chou. Comptez 3 ou 4 feuilles par personne. Blanchissez-les dans une grande casserole d'eau salée, le temps de les ramollir, puis rafraîchissez-les sous un filet d'eau froide. Si les côtes blanches des feuilles de chou sont trop grosses, coupez-les.

3. Coupez les magrets en tout petits morceaux. Épluchez l'ail et les échalotes. Faites chauffer de l'huile dans une grande poêle, faites blondir l'ail et les échalotes puis ajoutez la chair de canard, le bouquet de coriandre et le zeste d'orange. Salez et poivrez. Faites cuire 5 à 6 minutes sur feu vif.

4. Préchauffez le four à 180 °C. Essorez la mie de pain, mettez-la dans le bol d'un mixeur avec la viande de canard et mixez finement.

5. Étalez les feuilles de chou sur le plan de travail. Au centre de chacune d'elles, déposez un peu de farce. Roulez-les sur elles-mêmes. Rangez ces petits rouleaux dans un plat à four. Arrosez de coulis de tomates et enfournez 45 minutes.

POUR 4 PERSONNES - PRÉPARATION 30 MINUTES - CUISSON 1 H 20

POTIMARRON FARCI

- 1 potimarron de 2 kg
- 2 gousses d'ail
- 2 échalotes
- 250 g de champignons des bois (frais ou en boîte)
- 25 g de beurre
- 1 pintade désossée, en petits morceaux
- 1 bouquet de coriandre
- 4 cuillerées à soupe de crème fraîche
- Sel, poivre

1. Préchauffez le four à 180 °C. Placez le potimarron entier dans le four 40 minutes.

2. Épluchez puis ciselez l'ail et les échalotes. Nettoyez les champignons ou égouttez-les s'ils sont en boîte.

3. Faites fondre le beurre dans une sauteuse, jetez-y l'ail et les échalotes puis laissez blondir. Faites dorer les morceaux de pintade dans la sauteuse. Ciselez la coriandre sur la volaille, ajoutez les champignons coupés en morceaux, salez et poivrez. Ajoutez la crème et laissez cuire doucement 30 minutes.

4. Sortez le potimarron du four. Coupez le chapeau et ôtez les pépins. À l'aide d'une cuillère, détachez la chair mais laissez-la à l'intérieur du potimarron.

5. Versez la fricassée de pintade et replacez le chapeau. Enfournez 10 minutes avant de servir.

POUR 4 PERSONNES - PRÉPARATION 40 MINUTES - CUISSON 30 MINUTES

RÂBLE DE LAPIN AUX DATTES

- 3 râbles de lapin
- 12 gousses de cardamome
- 12 dattes sèches
- ½ foie de lapin
- 1 tranche de pain d'épices
- ½ bouquet de coriandre
- 1 pointe de couteau de cannelle
- 1 pointe de couteau de ras el-hanout
- 1 pointe de couteau de quatre-épices
- 1 carotte
- 1 oignon
- ½ poireau
- 75 g de beurre
- 2 cuillerées à soupe de vin blanc sec
- Sel, poivre
- 1 crépine

1. Faites désosser les râbles par le volailler, en veillant à ne pas les couper en deux. Il faut les conserver attachés par la peau du dos.

2. Ouvrez les gousses de cardamome et ôtez les graines. Dénoyautez les dattes et coupez-les en très petits morceaux.

3. Mixez finement le foie de lapin, la tranche de pain d'épices, les graines de cardamome et la coriandre. Versez dans un bol et ajoutez les morceaux de datte, le sel, le poivre, la cannelle, le ras el-hanout et le quatre-épices. Mélangez bien.

4. Posez la crépine rincée et essorée sur le plan de travail puis placez dessus les râbles désossés et ouverts. Étalez la farce sur les râbles, roulez-les sur eux-mêmes puis roulez-les dans la crépine pour bien les serrer.

5. Épluchez les légumes, coupez-les en petits dés et faites-les sauter dans une cocotte avec le beurre. Ajoutez les râbles, faites-les blondir puis versez le vin blanc. Salez et poivrez. Posez un couvercle et laissez cuire 30 minutes à feu moyen.

6. Ôtez la crépine et coupez chaque râble en 4 tranches. Comptez 3 morceaux par personne. Servez avec du couscous, des pâtes fraîches ou des aubergines grillées.

POUR 6 PERSONNES - PRÉPARATION 1 HEURE - CUISSON 2 H 30

POULE AU POT FARCIE

- 4 tranches de pain de mie sans la croûte
- 1 verre de lait
- 2 gousses d'ail
- 2 oignons + 1 oignon piqué de 1 clou de girofle
- 1 bouquet de persil
- 1 poule de 2,5 à 3 kg (avec foie, cœur et gésier)
- 100 g de chair à saucisse
- 200 g de jambon de Bayonne
- Gros sel
- Quatre-épices
- 1 petite crépine
- 2 piments oiseau
- Poivre blanc en grains
- 6 poireaux
- 6 carottes
- 6 navets
- 2 branches de céleri
- 1 bouquet garni

1. Faites tremper la mie de pain dans le lait. Épluchez puis émincez l'ail et les oignons. Lavez le persil.
2. Dans le bol d'un mixeur, rassemblez le foie, le cœur et le gésier de la poule, la chair à saucisse, le jambon coupé en lanières, le persil effeuillé, la mie de pain essorée, l'ail et les 2 oignons. Salez, poivrez et saupoudrez de quatre-épices. Mixez.
3. Rincez la crépine puis étalez-la sur le plan de travail. Déposez la farce sur la crépine, formez un rouleau et déposez-le à l'intérieur de la poule. Recousez avec une aiguille à brider puis placez-la dans une grande marmite d'eau froide. Salez, ajoutez l'oignon piqué de 1 clou de girofle, les piments oiseau, le bouquet garni et des grains de poivre blanc. Écumez durant les 30 premières minutes, puis laissez cuire 1 h 30 à couvert.
4. Épluchez les légumes. Ficelez les poireaux. Coupez les carottes en tronçons de 4 cm. Coupez les navets en quatre. Épluchez les branches de céleri. Placez tous les légumes dans la marmite. Laissez cuire 1 heure.
5. Posez les légumes égouttés dans un plat creux. Découpez la farce en tranches et la poule en morceaux. Arrosez de bouillon.

CONSEIL

Si la poule farcie doit être servie le lendemain, sortez les légumes et réchauffez la poule dans son bouillon. Les légumes se réchauffent plus vite au micro-ondes.

POUR 6 PERSONNES - PRÉPARATION 30 MINUTES - CUISSON 50 MINUTES

PINTADE AUX MARRONS

- 1 pintade fermière
- 1 botte de cerfeuil
- 1 œuf
- 50 g de foie gras
- 50 g de chair à saucisse
- 1 paquet de marrons cuits sous vide
- 1 pointe de couteau de gingembre frais râpé ou 1 cuillerée à café de gingembre moulu
- 75 g de beurre
- Sel, poivre gris

1. Nettoyez soigneusement l'intérieur de la pintade. Ôtez le foie, le cœur et le gésier puis réservez-les.

2. Lavez et équeutez le cerfeuil. Dans le bol d'un mixeur, déposez les abats de la pintade, l'œuf, le foie gras, la chair à saucisse et le cerfeuil. Mixez finement. Versez ce hachis dans un bol. Ajoutez quelques marrons écrasés à la fourchette, le gingembre, le sel et le poivre. Mélangez bien.

3. Préchauffez le four à 180 °C. Farcissez la pintade, fermez l'ouverture à l'aide de piques en bois ou cousez-la à l'aide d'une aiguille à brider.

4. Posez la pintade farcie dans un plat à four, enduisez-la de beurre, salez et poivrez. Enfournez 50 minutes et arrosez régulièrement. Quinze minutes avant la fin de la cuisson, disposez des marrons dans le plat autour de la pintade pour les réchauffer.

5. Accompagnez ce plat d'un gratin de potimarron.

POUR 6 PERSONNES - PRÉPARATION 35 MINUTES - CUISSON 1 HEURE

ÉPAULE D'AGNEAU AUX HERBES

- 1 épaule d'agneau entièrement désossée
- 1 cuillerée à café de piment d'Espelette
- ½ bouquet de coriandre
- ½ bouquet de cerfeuil
- 20 feuilles de roquette
- 1 gousse d'ail
- 2 échalotes
- 2 rognons d'agneau épluchés
- 1 œuf
- Quatre-épices
- 50 g de beurre
- Sel, poivre

À SAVOIR

L'épaule roulée farcie se déguste un peu cuite et non rosée comme l'épaule rôtie traditionnelle.

1. Posez l'épaule à plat sur le plan de travail. À l'emplacement où se trouvaient les os se trouve une cavité que vous devrez remplir de farce. Frottez l'intérieur de l'épaule avec le piment d'Espelette.

2. Lavez les herbes et la roquette. Ôtez les queues. Épluchez l'ail et les échalotes. Dans le bol d'un mixeur, déposez les rognons, les herbes, la salade, l'œuf, l'ail et les échalotes. Salez, poivrez et parsemez de quatre-épices. Mixez finement.

3. Préchauffez le four à 160 °C. Introduisez le mélange dans la cavité située dans l'épaule puis roulez-la sur elle-même. Ficelez-la et déposez-la dans un plat et enfournez 1 heure en arrosant régulièrement.

POUR 4 PERSONNES - PRÉPARATION 45 MINUTES - CUISSON 35 MINUTES

PIGEONS AUX AMANDES

- 200 g de raisins blonds secs
- 25 cl de bouillon de volaille en cube
- 300 g d'amandes mondées
- 4 cuillerées à soupe de miel
- 2 œufs
- 5 cuillerées à soupe de chapelure
- 1 cuillerée à soupe de cannelle
- 1 cuillerée à café de cumin moulu
- 2 cuillerées à soupe d'huile d'olive
- 4 pigeons
- 50 g de beurre
- 1 cuillerée à soupe de safran
- Sel

1. Faites tremper les raisins secs dans le bouillon de volaille.

2. Faites griller les amandes à sec dans une poêle antiadhésive. Mixez finement 4 cuillerées à soupe d'amandes grillées. Mélangez-les avec le miel, les œufs, la chapelure, la cannelle, le cumin, le sel et l'huile d'olive.

3. Posez les pigeons vidés et nettoyés sur le plan de travail. Décollez délicatement la peau de la chair des pigeons. Glissez la farce sous la peau, sans trop remplir afin de ne pas la faire éclater.

4. Dans une cocotte, faites fondre le beurre et faites dorer délicatement les pigeons sur toutes leurs faces. Rangez-les dans la cocotte, parsemez de safran puis arrosez avec les raisins et le bouillon de volaille. Laissez cuire 35 minutes à couvert en veillant à ce qu'il ne manque jamais de bouillon. Dix minutes avant la fin de la cuisson, ajoutez le reste des amandes.

5. Dressez sur un plat de service. Pour accentuer leur goût sucré, n'hésitez pas à saupoudrer les pigeons de sucre glace. Le goût salé est apporté par le bouillon de volaille. Accompagnez ce plat de couscous ou de boulgour, ou d'un gratin de cardons.

POUR 6 PERSONNES - PRÉPARATION 15 MINUTES - CUISSON 25 MINUTES

LASAGNES TOMATES MOZZARELLA

- 8 feuilles de lasagne précuites
- 1 kg de tomates à chair ferme
- 500 g de mozzarella
- 1 pot de 200 g de pesto
- 100 g d'olives noires et vertes
- 1 bouquet de basilic
- 3 cuillerées à soupe d'huile d'olive
- Sel, poivre

1. Préchauffez le four à 150 °C. Plongez les tomates 1 minute dans une casserole d'eau bouillante. Ôtez la peau et les pépins puis coupez-les en rondelles. Égouttez la mozzarella puis coupez-la en tranches fines.

2. Huilez le fond d'un plat à four, disposez quelques rondelles de tomate, posez des feuilles de lasagne, des rondelles de tomate salées et poivrées puis des tranches de mozzarella. Étalez un peu de pesto, dispersez quelques olives vertes et noires et quelques feuilles de basilic, posez des feuilles de lasagne huilées et continuez ainsi. Terminez par des tranches de mozzarella, salez et poivrez. Enfournez 25 minutes.

3. Décorez le dessus du plat avec des feuilles de basilic juste avant de servir.

POUR 6 PERSONNES - PRÉPARATION 20 MINUTES - CUISSON 20 MINUTES

LASAGNES FROMAGÈRES

- 8 feuilles de lasagne à cuire
- 250 g de mascarpone
- 200 g de gorgonzola
- 100 g de parmesan râpé
- 50 g de poudre de noix
(ou de cerneaux de noix mixés)
- 20 cl de crème (facultatif)
- 3 tours de moulin à poivre

1. Préchauffez le four à 150 °C. Ôtez la croûte du gorgonzola puis coupez le fromage en morceaux. Dans une casserole, déposez le mascarpone, le gorgonzola et le parmesan râpé (réservez-en 2 cuillerées à soupe). Faites chauffer doucement en tournant avec une cuillère en bois pour faire fondre et mélanger les fromages. S'il reste quelques morceaux bleus de gorgonzola, tant mieux. Versez la poudre de noix, mélangez. Si le mélange est trop sec, ajoutez de la crème. Poivrez.

2. Faites cuire les feuilles de lasagne, passez-les sous l'eau froide puis épongez-les sur du papier absorbant.

3. Huilez légèrement le fond d'un plat à four. Posez des feuilles de lasagne et versez de la sauce au fromage. Remplissez le plat puis saupoudrez le dessus de parmesan râpé. Enfournez 20 minutes.

POUR 6 PERSONNES - PRÉPARATION 20 MINUTES - CUISSON 20 MINUTES

LASAGNES DE COURGETTES & CHÈVRE FRAIS

- 6 à 8 feuilles de lasagne précuites
- 3 courgettes
- 3 fromages de chèvre frais
- 2 œufs
- 50 cl de crème fleurette
- 5 cl de lait (facultatif)
- 1 cuillerée à café de cumin moulu
- Sel, poivre

1. Préchauffez le four à 150 °C. Lavez les courgettes, coupez-les en rondelles et laissez-les cuire 5 minutes dans de l'eau bouillante salée. Égouttez immédiatement. Écrasez à la fourchette deux des fromages de chèvre.

2. Dans un bol, battez ensemble les œufs et la crème. Ajoutez à ce mélange le fromage écrasé et le cumin. Salez et poivrez. Mélangez jusqu'à l'obtention d'une préparation liquide. Si nécessaire, ajoutez un peu de lait pour la fluidifier.

3. Huilez le fond d'un plat à four. Versez un peu de préparation puis posez 2 feuilles de lasagne, disposez des rondelles de courgette, de la préparation au fromage, puis des feuilles de lasagne, et ainsi de suite.

4. Coupez le fromage de chèvre restant en rondelles et disposez-les sur le dessus des lasagnes : elles grilleront durant la cuisson. Enfournez 20 minutes.

POUR 6 PERSONNES - PRÉPARATION 20 MINUTES - CUISSON 30 MINUTES

LASAGNES TOMATOBŒUF

- 8 feuilles de lasagne précuites
- 6 steaks hachés
- 1 boîte de 1 kg de pulpe de tomate
- 200 g de tomates séchées à l'huile
- 100 g d'olives noires aux épices
- 1 bouquet de basilic
- 1 cuillerée à café d'origan séché
- Sel, poivre

1. Préchauffez le four à 120 °C. Posez les steaks hachés sur une planche et aplatissez-les jusqu'à ce qu'ils deviennent très minces. Lavez les feuilles de basilic et dénoyautez les olives noires. Coupez les tomates séchées en lamelles.

2. Versez le contenu de la boîte de pulpe de tomate dans un grand saladier et vérifiez qu'il n'y ait pas de gros morceaux. Si nécessaire, recoupez-les. Salez, poivrez et parsemez d'origan.

3. Huilez légèrement le fond d'un plat à four. Versez un peu de pulpe de tomate et parsemez de feuilles de basilic ciselées. Posez des feuilles de lasagne, 2 steaks hachés, des lamelles de tomate séchée, des olives noires, de la pulpe de tomate puis de nouveau des feuilles de lasagne, et ainsi de suite. Terminez par une couche de pulpe de tomate, assaisonnez bien et parsemez d'origan. Enfournez à 180 °C et laissez cuire 30 minutes.

POUR 6 PERSONNES - PRÉPARATION 40 MINUTES - REPOS 10 MINUTES - CUISSON 50 MINUTES

LASAGNES AUX BOULETTES DE BŒUF

- 8 feuilles de lasagne précuites
- 300 g de bœuf haché
- 300 g de jambon blanc
- 1 œuf
- 1 oignon
- 2 gousses d'ail
- ½ bouquet de persil plat
- 5 branches de sauge
- 1 cuillerée à soupe d'origan
- 1 boîte de 1 kg de tomates concassées
- 75 g de beurre doux
- 50 cl de lait
- 1 grosse cuillerée à soupe de farine
- 4 cuillerées à soupe de parmesan râpé
- 1 pincée de muscade moulue
- 10 cl d'huile d'olive
- Sel, poivre

1. Mixez le jambon. Ciselez le persil. Émincez l'ail et l'oignon. Malaxez le bœuf haché, le jambon, du sel, du poivre, le persil, l'ail, l'oignon, l'origan et l'œuf. Laissez reposer 10 minutes.

2. Préchauffez le four à 120 °C. Préparez la béchamel. Faites fondre le beurre dans une casserole à fond épais. Hors du feu, ajoutez la farine puis tournez vigoureusement pour que la farine absorbe tout le beurre fondu. Versez le lait doucement, sans cesser de tourner, puis faites épaissir 10 minutes à feu doux. Salez, poivrez, saupoudrez de muscade et de parmesan râpé. Mélangez la béchamel et les tomates concassées puis ajoutez les feuilles de sauge. La sauce doit être assez liquide.

3. Façonnez des boulettes de viande. Farinez-les légèrement. Faites chauffer l'huile d'olive dans une grande poêle et faites frire les boulettes. Au fur et à mesure, déposez-les sur du papier absorbant.

4. Huilez un plat à four, versez un peu de sauce dans le fond, posez des feuilles de lasagne, versez de la sauce, disposez des boulettes, posez d'autres feuilles de lasagne, puis de la sauce et ainsi de suite. Enfournez 40 minutes à 180 °C.

POUR 6 PERSONNES - PRÉPARATION 45 MINUTES - CUISSON 1 HEURE

LASAGNES À LA VIANDE

- 8 feuilles de lasagne à cuire
- 400 g de chair à saucisse
- 300 g de bœuf haché
- 1 oignon
- 2 gousses d'ail
- 1 bouquet de ciboulette
- ½ bouquet de coriandre fraîche
- 50 cl de lait
- 1 grosse cuillerée à soupe de farine
- 75 g de beurre doux
- 1 boîte de coulis de tomates
- 30 g de parmesan râpé
- 5 cl d'huile d'olive
- Un peu de gruyère râpé
- Quatre-épices
- Sel, poivre

1. Faites cuire les feuilles de lasagne dans une grande quantité d'eau bouillante salée additionnée de 2 cuillerées à soupe d'huile d'olive. Après cuisson, rincez-les sous l'eau froide et posez-les une par une sur des feuilles de papier absorbant.

2. Préchauffez le four à 120 °C. Épluchez l'ail et l'oignon puis émincez-les. Faites-les blondir dans une poêle antiadhésive, ajoutez la chair à saucisse puis le bœuf haché, la ciboulette et la coriandre ciselées. Faites dorer. Mixez finement cette préparation.

3. Préparez la béchamel. Faites fondre le beurre dans une casserole à fond épais. Hors du feu, ajoutez la farine, tournez aussitôt vigoureusement. Versez le lait petit à petit sans cesser de remuer puis remettez sur le feu. Laissez épaissir la sauce 10 minutes. Salez, poivrez et saupoudrez de quatre-épices. Ajoutez le coulis de tomates et le parmesan râpé à la béchamel. Mélangez.

4. Huilez un plat à four. Posez des feuilles de lasagne puis de la béchamel à la tomate, de la viande, un peu de béchamel, de nouveau des feuilles de lasagne, et ainsi de suite. Parsemez le dessus d'un peu de gruyère râpé. Enfournez 45 minutes à 150 °C.

POUR 6 PERSONNES - PRÉPARATION 20 MINUTES - CUISSON 40 MINUTES

LASAGNES FAÇON STROGONOFF

- 8 feuilles de lasagne précuites
- 600 g de bœuf très tendre (filet ou rumsteck) coupé en très fines lanières
- 250 g de champignons de Paris
- 250 g de crème fraîche
- 1 gros oignon
- 2 cuillerées à soupe de concentré de tomates
- 50 g de beurre
- 2 cuillerées à soupe d'huile d'olive
- Sel, poivre

1. Préchauffez le four à 120 °C. Épluchez l'oignon et les champignons. Lavez-les puis émincez-les. Faites chauffer l'huile d'olive, faites blondir l'oignon puis ajoutez les champignons et le concentré de tomates. Laissez mijoter 10 minutes.

2. Préparez la viande façon Strogonoff. Faites fondre le beurre dans une grande poêle puis saisissez rapidement les lanières de bœuf à feu vif. Ajoutez la viande aux champignons. Versez la crème fraîche, salez et poivrez. Laissez cuire la sauce 5 minutes.

3. Huilez légèrement le fond d'un plat à four, versez un peu de sauce, posez des feuilles de lasagne, disposez la préparation à base de viande, posez de nouveau des feuilles de lasagne, puis de la viande, et ainsi de suite. Enfournez 25 minutes à 150 °C.

POUR 6 PERSONNES - PRÉPARATION 20 MINUTES - CUISSON 1 HEURE

LASAGNES AUX AUBERGINES & À L'AGNEAU

- 8 feuilles de lasagne précuites
- 400 g de gigot cuit
- 2 grosses aubergines
- 50 cl de béchamel liquide
(en brique dans le commerce)
- ½ boîte de 400 g de pulpe de tomate
- 2 oignons
- 2 gousses d'ail
- ½ botte de coriandre
- 2 cuillerées à soupe d'huile d'olive
- 1 cuillerée à café de cumin moulu
- Sel, poivre

1. Préchauffez le four à 150 °C. Lavez les aubergines puis coupez-les en deux dans le sens de la longueur. Badigeonnez-les d'huile d'olive et enfournez-les 15 minutes.

2. Épluchez l'ail et les oignons. Dans le bol d'un mixeur, mettez les morceaux d'agneau cuits, l'ail, les oignons et le cumin. Mixez finement.

3. Après cuisson, grattez la pulpe des aubergines puis écrasez-la à la fourchette. Dans une casserole, mélangez la chair des aubergines, la pulpe de tomate et 1 cuillerée à soupe d'huile d'olive. Ajoutez les feuilles de coriandre. Faites réduire la purée. Vérifiez l'assaisonnement.

4. Huilez légèrement le fond d'un plat à four, versez un peu de béchamel, posez des feuilles de lasagne, de la viande, de la béchamel, de la sauce tomate, de nouveau des feuilles de lasagne puis de la garniture. Enfournez 35 minutes à 150 °C.

POUR 6 PERSONNES - PRÉPARATION 30 MINUTES - CUISSON 35 MINUTES

LASAGNES AU CHORIZO

- 8 feuilles de lasagne à cuire
- 250 g de chorizo ibérique de Bellota
- 4 grosses tomates
- 4 poivrons verts
- 2 gros oignons
- 2 gousses d'ail
- 10 cl de vin blanc sec (espagnol de préférence)
- 5 cuillerées à soupe d'huile d'olive
- 1 pointe de safran
- Sel, poivre

1. Plongez les tomates 1 minute dans de l'eau bouillante, passez-les sous l'eau froide, ôtez la peau et les pépins puis coupez-les en fines rondelles. Lavez les poivrons, ôtez les pépins et les peaux blanches, coupez-les en fines lamelles. Épluchez les oignons et coupez-les en très fines tranches. Épluchez l'ail et écrasez-le avec le plat du couteau.

2. Préchauffez le four à 120 °C. Faites cuire les feuilles de lasagne dans une grande quantité d'eau salée additionnée de 1 cuillerée à soupe d'huile d'olive.

3. Passez-les sous un filet d'eau froide puis posez-les sur des feuilles de papier absorbant. Faites chauffer l'huile d'olive dans une grande poêle, versez les légumes, faites cuire 5 minutes à feu vif en remuant puis mouillez avec le vin blanc. Salez, poivrez, parsemez de safran, mélangez et éteignez le feu.

4. Ôtez la peau du chorizo et coupez-le en très fines rondelles. Huilez le fond d'un plat à four, versez un peu de préparation aux légumes, posez des feuilles de lasagne, des légumes, de fines rondelles de chorizo, des feuilles de lasagne, des légumes, du chorizo, et ainsi de suite. Terminez par des rondelles de chorizo. Enfournez 25 minutes à 180 °C.

POUR 6 PERSONNES - PRÉPARATION 45 MINUTES - CUISSON 50 MINUTES

LASAGNES AU SAUMON FRAIS

- 8 feuilles de lasagne précuites
- 600 g de filet de saumon frais
- 500 g de moules
- 1 oignon
- 1 carotte
- 1 bulbe de fenouil
- 1 citron
- 25 cl de vin blanc
- 2 jaunes d'œufs
- 1 bouquet garni
- 1 bouquet d'aneth
- 1 bouquet de persil plat
- Gros sel, poivre

1. Épluchez l'oignon, la carotte et le fenouil puis coupez-les en fines rondelles ainsi que le citron.

2. Préparez le court-bouillon. Portez 2 litres d'eau à ébullition puis ajoutez les légumes, le citron, le bouquet garni, le gros sel et 3 tours de moulin à poivre. Laissez cuire à petits bouillons 7 à 8 minutes.

3. Lavez le filet de saumon, épongez-le et plongez-le dans le court-bouillon. Laissez cuire 10 minutes à feu doux. Égouttez-le.

4. Préchauffez le four à 120 °C. Ébarbez les moules, lavez-les, placez-les dans une grande casserole, versez le vin blanc et donnez 2 tours de moulin à poivre. Dès que les moules s'ouvrent, arrêtez la cuisson. Décoquillez-les. Filtrez le jus de cuisson.

5. Battez les jaunes d'œufs avec un peu de jus de cuisson des moules puis complétez jusqu'à 50 cl. Ajoutez les moules, puis les herbes lavées et ciselées dans la sauce.

6. Huilez le fond d'un plat à four. Posez des feuilles de lasagne, disposez des morceaux de filet de saumon, versez de la sauce, disposez une autre couche puis continuez jusqu'à ce que le plat soit rempli. Enfournez 30 minutes à 150 °C.

POUR 6 PERSONNES - PRÉPARATION 30 MINUTES - CUISSON 35 MINUTES

LASAGNES CABILLAUD & POIS GOURMANDS

- 8 feuilles de lasagne à cuire
- 600 g de filet de cabillaud frais (ou surgelé)
- 600 g de pois gourmands
- 3 oranges
- 2 oignons rouges
- 100 g d'olives noires
- 1 cube de court-bouillon de poisson
- 20 cl de sauce d'huître
- 10 cl de sauce soja
- 4 cuillerées à soupe d'huile d'olive
- Sel, poivre

1. Préparez un court-bouillon avec le cube. Faites pocher le cabillaud, arrêtez la cuisson à la reprise de l'ébullition puis laissez reposer le temps de la préparation des légumes.

2. Effilez les pois gourmands. Prélevez le zeste de 2 oranges et pressez-les. Épluchez l'orange restante pour récupérer des quartiers sans peau blanche. Épluchez les oignons rouges et coupez-les en fines rondelles.

3. Préchauffez le four à 120 °C. Dans une grande poêle, faites chauffer l'huile d'olive, mettez-y les pois gourmands, les oignons rouges, les zestes d'orange et les olives noires puis ajoutez la sauce soja. Enrobez tous les ingrédients de sauce, laissez cuire 5 minutes. Ajoutez la sauce d'huître.

4. Portez à ébullition une grande quantité de liquide, moitié eau, moitié jus d'orange, faites-y cuire les feuilles de lasagne 2 à 3 minutes puis rafraîchissez-les sous l'eau froide. Épongez-les sur du papier absorbant. Égouttez et émiettez le cabillaud.

5. Huilez le fond d'un plat à four, posez des feuilles de lasagne puis disposez 2 cuillerées de légumes préparés, des quartiers d'orange, du cabillaud, des feuilles de lasagne, des légumes, et ainsi de suite. Enfournez 25 minutes à 150 °C.

POUR 6 PERSONNES - PRÉPARATION 45 MINUTES - CUISSON 45 MINUTES

LASAGNES AUX SARDINES & POIVRONS GRILLÉS

- 8 feuilles de lasagne précuites
- 14 filets de sardine
- 3 poivrons rouges
- 1 poivron vert
- 1 cube de court-bouillon de poisson
- ½ bouquet de coriandre
- 150 g de beurre
- Sel aux herbes, poivre

1. Préchauffez le four à 180 °C. Lavez les poivrons. Mettez à cuire 2 poivrons rouges et le poivron vert dans la lèchefrite du four jusqu'à ce qu'ils soient noirs et cloqués sur tous les côtés. Enfermez les poivrons dans un sac plastique, laissez-les reposer 15 minutes puis ôtez la peau et les pépins. Coupez leur chair en lanières.

2. Délayez le cube de court-bouillon de poisson dans 20 cl d'eau frémissante puis ajoutez 1 poivron rouge cru, épépiné et coupé en dés. Laissez cuire 7 à 8 minutes. Mixez et passez au tamis.

3. Versez la sauce au poivron dans une casserole puis ajoutez le beurre en petits morceaux tout en fouettant. Vérifiez l'assaisonnement. Huilez légèrement le fond d'un plat à four. Versez un peu de sauce au poivron. Posez des feuilles de lasagne, des filets de sardine, des feuilles de coriandre, assaisonnez au sel aux herbes, ajoutez des lanières de poivron grillé, de la sauce, des feuilles de lasagne, et ainsi de suite jusqu'à épuisement des ingrédients. Versez le reste de sauce pour napper le plat. Enfournez 30 minutes à 150 °C.

POUR 6 PERSONNES - PRÉPARATION 20 MINUTES - CUISSON 40 MINUTES

LASAGNES AU CURRY DE CRABE

- 8 feuilles de lasagne précuites
- 500 g de chair de crabe cuit ou de surimi, éventuellement mélangée à parts égales avec du poisson blanc cuit
- 50 cl de béchamel (en brique dans le commerce)
- 2 échalotes
- 1 pomme granny-smith
- Le zeste et le jus de 1 citron vert
- 50 g de beurre
- 1 cuillerée à café de curcuma
- 1 cuillerée à soupe de curry de Madras
- 1 cuillerée à café de graines de coriandre concassées
- Sel

1. Préchauffez le four à 120 °C. Effeuillez la chair de crabe, le surimi ou le poisson. Épluchez les échalotes et émincez-les. Ouvrez la pomme en deux, sans l'éplucher, ôtez les pépins puis coupez-la en fines lamelles.

2. Préparez la sauce. Faites fondre le beurre dans une grande poêle puis faites revenir les échalotes et les lamelles de pomme jusqu'à ce qu'elles soient translucides. Ajoutez le curry, le curcuma, les graines concassées de coriandre, le jus et le zeste de citron vert et la chair de crabe. Mouillez avec la béchamel. Veillez à ce que la sauce soit bien liquide. Ajoutez un peu de lait si nécessaire. Vérifiez l'assaisonnement.

3. Huilez légèrement un plat à four, posez des feuilles de lasagne, de la garniture, de nouveau des feuilles de lasagne, et ainsi de suite. Posez quelques petits morceaux de beurre sur le dessus. Enfournez 30 minutes à 180 °C.

POUR 6 PERSONNES - PRÉPARATION 45 MINUTES - MARINADE 30 MINUTES - CUISSON 1 HEURE

LASAGNES AUBERGINES & CREVETTES PIQUANTES

- 6 à 8 feuilles de lasagne précuites
- 300 g de crevettes roses
- 3 aubergines
- 1 botte de cives
- 3 gousses d'ail
- 1 boîte de 400 g de pulpe de tomate
- Le jus de 2 citrons verts
- Le jus de 1 citron
- 20 cl d'huile d'olive
- 1 botte de persil plat
- ¼ de piment antillais
- 1 cuillerée à café de paprika
- 3 branches de coriandre fraîche (facultatif)
- Sel, poivre

1. Préchauffez le four à 150 °C. Lavez les aubergines, coupez-les en deux dans le sens de la longueur. Enfournez 40 minutes.

2. Épluchez les cives et l'ail, coupez-les très finement puis disposez-les dans un petit saladier. Ajoutez le persil lavé et ciselé, le jus des 2 citrons verts, l'huile d'olive et le piment coupé finement. Salez et remuez. Ajoutez 15 cl d'eau chaude. Décortiquez les crevettes puis laissez-les mariner 30 minutes dans la sauce.

3. Après cuisson, grattez la pulpe des aubergines puis écrasez-la à la fourchette avec le paprika et le jus de citron. Mélangez la chair des aubergines à la pulpe de tomate. Salez, poivrez. Ce mélange doit être assez liquide. Si nécessaire, ajoutez quelques cuillerées de marinade des crevettes.

4. Huilez le fond d'un plat à four, versez un peu de préparation aux aubergines, posez des feuilles de lasagne, disposez quelques crevettes coupées puis versez de nouveau de la purée d'aubergines. Recommencez ainsi les couches jusqu'à ce que le plat soit rempli.

5. Enfournez 25 minutes à 180 °C. À la sortie du four, décorez le plat de feuilles de coriandre fraîche.

POUR 6 PERSONNES - PRÉPARATION 40 MINUTES - REPOS 1 HEURE - CUISSON 40 MINUTES

LASAGNES NOIR DE NOIR

- 400 g de farine type 45
- 1 kg de seiches ou de calamars (vidés)
- 2 sachets d'encre de seiche (4 g chacun)
- 4 œufs
- 4 belles tomates
- 1 gousse d'ail
- ½ botte de coriandre
- 3 cuillerées à soupe d'huile d'olive
- Sel, poivre

CONSEIL

Travaillez la pâte avec des gants de ménage car l'encre de seiche teinte les doigts.

1. Versez la farine sur le plan de travail, creusez un puits au centre, cassez les œufs et videz 1 sachet d'encre de seiche. Formez une boule de pâte et malaxez-la bien entre les mains. Travaillez la pâte jusqu'à ce que sa couleur devienne homogène. Laissez-la reposer au moins 30 minutes.

2. Lavez les calamars puis coupez-les en fines lanières. Ébouillantez les tomates, ôtez la peau et les pépins puis coupez-les grossièrement. Épluchez l'ail et émincez-le.

3. Préchauffez le four à 120 °C. Faites chauffer l'huile d'olive dans une grande poêle. Faites revenir 10 minutes les calamars, les tomates et l'ail avec le second sachet d'encre de seiche. Salez, poivrez, ajoutez les feuilles de coriandre ciselées, mélangez.

4. Farinez le plan de travail, étalez très finement la pâte au rouleau ou à l'aide d'une machine à laminer les pâtes. Coupez-les à la taille du plat à four. Faites cuire les feuilles de pâte 3 à 4 minutes dans de l'eau bouillante salée puis rafraîchissez-les sous un filet d'eau froide. Posez les feuilles sur du papier absorbant.

5. Huilez le fond d'un plat à four, alternez les feuilles de lasagne et de la garniture, terminez par de la garniture. Enfournez 25 minutes à 180 °C.

POUR 6 PERSONNES - PRÉPARATION 35 MINUTES - CUISSON 30 MINUTES

LASAGNES VÉGÉTARIENNES

- 8 à 10 feuilles de lasagne vertes à cuire
- 1 kg d'épinards
- 300 g de ricotta
- 100 g de crème fraîche
- 1 boîte de 500 g de pulpe de tomate
- 1 bouquet de basilic
- 50 g de pignons de pin
- Muscade
- Huile d'olive
- Sel, poivre

1. Préchauffez le four à 120 °C. Équeutez et lavez les épinards puis faites-les cuire 5 minutes dans une grande quantité d'eau bouillante salée. Égouttez-les dans une passoire. Appuyez avec une cuillère en bois pour bien faire sortir l'eau de cuisson.

2. Mélangez la ricotta et la crème fraîche. Salez, poivrez et saupoudrez un peu de muscade râpée. Lavez le basilic, ciselez-le et mélangez-le à la pulpe de tomate.

3. Faites cuire les feuilles de lasagne 2 minutes dans une grande quantité d'eau salée additionnée de 2 cuillerées à soupe d'huile d'olive. Rafraîchissez-les sous l'eau froide. Posez chaque feuille sur du papier absorbant.

4. Huilez légèrement un plat à four. Versez un peu de sauce à la ricotta, posez des feuilles de lasagne, étalez des épinards, quelques pignons de pin, de la pulpe de tomate, des feuilles de lasagne, des épinards, des pignons, de la sauce à la ricotta, de la pulpe de tomate, et ainsi de suite. Terminez par de la sauce à la tomate et quelques pignons. Enfournez 25 minutes à 180 °C.

POUR 6 PERSONNES - PRÉPARATION 30 MINUTES - CUISSON 45 MINUTES

LASAGNES TOUT-TOMATE

- 8 feuilles de lasagne précuites
- 2 kg de tomates bien mûres
- 1 oignon
- 2 gousses d'ail
- 1 branche de céleri
- 150 g de tomates séchées à l'huile
- 50 g d'olives noires dénoyautées
- 50 g de parmesan râpé
- ½ botte de basilic
- 1 pincée de paprika
- 3 cuillerées à soupe d'huile d'olive
- Sel, poivre

1. Ébouillantez les tomates, rafraîchissez-les, ôtez la peau et les pépins. Coupez-les grossièrement. Épluchez l'ail et l'oignon, émincez-les. Lavez la branche de céleri puis coupez-la en petits tronçons.

2. Préchauffez le four à 120 °C. Préparez la sauce tomate. Faites chauffer l'huile d'olive dans une grande poêle et faites blondir l'ail et l'oignon. Ajoutez la concassée de tomates, le céleri, les olives noires, les feuilles de basilic. Salez, poivrez et saupoudrez de paprika. Laissez cuire 15 minutes, en tournant de temps en temps. Mixez cette préparation.

3. Huilez légèrement le fond d'un plat à four. Versez un peu de sauce tomate, posez des feuilles de lasagne, versez de la sauce, des tomates séchées, et ainsi de suite. Terminez par de la sauce tomate. Parsemez le plat de parmesan râpé. Enfournez 30 minutes à 150 °C.

POUR 6 PERSONNES - PRÉPARATION 35 MINUTES - CUISSON 55 MINUTES

LASAGNES AUX LÉGUMES GRILLÉS

- 8 feuilles de lasagne à cuire
- 4 courgettes
- 3 aubergines
- 2 poivrons jaunes
- 2 poivrons rouges
- 2 poivrons verts
- 1 oignon rouge
- 1 gousse d'ail écrasée
- 1 bouquet de sauge
- Le jus de 1 citron
- 25 cl de Pulco® citron
- 8 cuillerées à soupe d'huile d'olive
- Sel, poivre

1. Préchauffez le four à 180 °C. Lavez les légumes. Posez les poivrons sur la lèchefrite du four et faites-les cuire jusqu'à ce que leur peau soit noire et cloquée. Retirez-les du four, enfermez-les 15 minutes dans un sac plastique. Ôtez la peau et les pépins puis coupez-les en lamelles.

2. Coupez les courgettes, les aubergines et l'oignon en fines lamelles dans le sens de la longueur. Huilez un gril et faites-les griller avec des feuilles de sauge.

3. Dans un saladier, mélangez 4 cuillerées à soupe d'huile d'olive, le jus de citron, l'ail écrasé, du sel et du poivre. Au fur et à mesure que les légumes sont grillés, ajoutez-les dans le saladier ainsi que les poivrons.

4. Faites cuire les feuilles de lasagne, comme indiqué sur le paquet, dans un mélange d'eau salée et de Pulco®. Rincez-les sous l'eau froide.

5. Huilez le fond d'un plat à four, posez des feuilles de lasagne, huilez-les à l'aide d'un pinceau, posez des légumes grillés, des feuilles de sauge, des feuilles de lasagne huilées et des légumes, et ainsi de suite. Terminez par des légumes. Enfournez 25 minutes à 150 °C.

POUR 6 PERSONNES - PRÉPARATION 30 MINUTES - CUISSON 35 MINUTES

LASAGNES AUX FONDS D'ARTICHAUT

- 8 à 10 feuilles de lasagne à cuire
- 12 fonds d'artichaut
- 6 plaquettes de fromage à fondre (fontina, gouda...)
- 4 échalotes
- 2 gousses d'ail
- Le jus de 1 citron
- 2 cuillerées à soupe de gruyère râpé
- 5 cl d'huile d'olive
- Sel, poivre

CONSEIL

Si vous utilisez les fonds d'artichaut surgelés, faites-les cuire, comme indiqué sur l'emballage, dans de l'eau salée additionnée de jus de citron. S'ils sont en boîte, rincez-les puis arrosez-les de jus de citron. Émincez les fonds d'artichaut.

1. Préchauffez le four à 120 °C. Faites cuire les feuilles de lasagne, comme indiqué sur le paquet, dans une grande quantité d'eau salée additionnée de 2 cuillerées à soupe d'huile d'olive. Rincez-les sous l'eau froide puis posez-les une à une sur du papier absorbant.

2. Épluchez l'ail et les échalotes puis émincez-les. Faites chauffer un peu d'huile d'olive dans une poêle puis faites blondir l'ail et les échalotes. Ajoutez les fonds d'artichaut émincés. Laissez cuire 5 à 6 minutes. Salez et poivrez.

3. Huilez légèrement un plat à four. Posez des feuilles de lasagne dans le fond, versez un peu de sauce d'artichauts, 2 plaques de fromage à fondre, des feuilles de lasagne puis de la garniture. Finissez en posant du fromage à fondre sur le dessus des lasagnes, saupoudrez de gruyère râpé et poivrez. Enfournez 25 minutes à 180 °C.

POUR 6 PERSONNES - PRÉPARATION 35 MINUTES - CUISSON 50 MINUTES

LASAGNES AUX CÈPES

- 8 feuilles de lasagne précuites
- 100 g de cèpes séchés
- 2 échalotes
- 200 g de crème fraîche
- 50 cl de lait
- 150 g de beurre doux
- 1 grosse cuillerée à soupe de farine
- 100 g de parmesan râpé
- 1 botte de persil plat
- 1 pointe de muscade râpée
- 2 cuillerées à soupe d'huile d'olive
- Sel, poivre

1. Faites tremper les cèpes dans de l'eau tiède jusqu'à ce qu'ils deviennent souples. Essorez-les entre les paumes des mains.

2. Préchauffez le four à 120 °C. Faites chauffer l'huile dans une poêle et faites blondir les échalotes émincées. Ajoutez les cèpes puis le persil lavé et ciselé. Versez la crème fraîche, salez et poivrez. Laissez cuire 7 à 8 minutes.

3. Préparez la sauce béchamel. Faites fondre 75 g de beurre dans une casserole à fond épais. Hors du feu, ajoutez la farine en tournant bien. Versez doucement le lait sans jamais cesser de tourner. Salez, poivrez et saupoudrez de muscade. Faites épaissir la sauce doucement sur le feu 10 minutes environ, en continuant de tourner.

4. Huilez légèrement le fond d'un plat à four, versez un peu de béchamel, posez des feuilles de lasagne, de la béchamel, de la sauce aux cèpes, des petits morceaux de beurre, des feuilles de lasagne, de la béchamel, et ainsi de suite jusqu'à épuisement des ingrédients. Terminez par un peu de béchamel, saupoudrez de parmesan râpé et de quelques petits morceaux de beurre. Enfournez 35 minutes à 150 °C.

POUR 6 PERSONNES - PRÉPARATION 30 MINUTES - CUISSON 50 MINUTES

LASAGNES AU POTIRON & À LA CORIANDRE

- 8 feuilles de lasagne
- 700 g de chair de potiron ou de citrouille (éventuellement surgelée)
- 30 cl de lait
- 1 oignon
- 50 g de beurre
- 4 jaunes d'œufs
- 1 bouquet de coriandre
- 1 pincée de cumin
- 2 cuillerées à soupe d'huile d'olive
- Sel, poivre

1. Préchauffez le four à 120 °C. Faites fondre le beurre dans une casserole et faites blondir l'oignon émincé. Ajoutez les morceaux de potiron ou de citrouille et tournez avec une cuillère en bois pour bien les enrober de beurre. Mouillez avec le lait, salez et poivrez. Laissez cuire 15 minutes. S'il s'agit de potiron surgelé, ajustez le temps de cuisson en suivant les indications figurant sur l'emballage.

2. Faites cuire les feuilles de lasagne, comme indiqué sur le paquet, dans de l'eau bouillante salée additionnée de 2 cuillerées à soupe d'huile d'olive. Après cuisson, rincez-les sous l'eau froide puis mettez-les à égoutter sur du papier absorbant.

3. Écrasez les morceaux de potiron cuits à l'aide d'une fourchette pour obtenir une purée. Ajoutez les jaunes d'œufs et le cumin puis vérifiez l'assaisonnement.

4. Huilez un plat à four, mettez un peu de purée de potiron dans le fond, puis des feuilles de lasagne, de la purée, des feuilles de coriandre, des feuilles de lasagne, et ainsi de suite jusqu'à épuisement de la garniture. Terminez par de la sauce. Enfournez 25 minutes à 180 °C.

POUR 6 PERSONNES - PRÉPARATION 30 MINUTES - TREMPAGE 10 MINUTES - CUISSON 35 MINUTES

LASAGNES AGNEAU & PRUNEAUX

- 8 feuilles de lasagne précuites
- 500 g de viande d'agneau (épaule ou gigot)
- 250 g de pruneaux
- 50 cl de bouillon de viande (cube)
- 1 oignon
- 1 poivron vert
- 1 cuillerée à soupe bombée de Maïzena®
- 2 cuillerées à soupe d'huile d'olive
- Muscade moulue
- Cumin moulu
- Sel, poivre

1. Hachez grossièrement la viande d'agneau. Épluchez l'oignon puis émincez-le. Ouvrez le poivron en deux, ôtez les peaux blanches et les pépins puis coupez-le en petits dés.

2. Faites tremper les pruneaux dans le bouillon de viande chaud pendant 10 minutes.

3. Préchauffez le four à 120 °C. Pour préparer la sauce à la viande, faites chauffer l'huile d'olive dans une grande poêle. Faites blondir l'oignon puis ajoutez la viande d'agneau et le poivron. Lorsque la viande a doré, saupoudrez de Maïzena®, ajoutez les pruneaux dénoyautés et mouillez avec le bouillon de viande. Mélangez bien. Saupoudrez de muscade et de cumin, salez et poivrez. Laissez cuire 10 minutes pour faire épaissir la sauce.

4. Huilez légèrement le fond d'un plat à four. Versez un peu de sauce à la viande, posez des feuilles de lasagne, versez la sauce puis posez d'autres feuilles et de la garniture jusqu'à ce que le plat soit rempli. Terminez par de la garniture. Enfournez 25 minutes à 150 °C.

POUR 6 PERSONNES - PRÉPARATION 30 MINUTES - CUISSON 50 MINUTES

LASAGNES AU POULET, ABRICOTS & AMANDES

- 8 feuilles de lasagne précuites
- 4 blancs de poulet
- 250 g d'abricots secs
- 50 g d'amandes effilées
- 2 cuillerées à soupe de miel
- 50 cl de bouillon de poule (cube)
- 1 oignon
- 50 g de beurre
- ½ cuillerée à café de cumin moulu
- ½ cuillerée à café de cannelle
- Sel, poivre

1. Épluchez l'oignon puis émincez-le. Coupez les abricots secs en morceaux. Détaillez les blancs de poulet en fines lamelles.

2. Préchauffez le four à 120 °C. Faites fondre le beurre dans une poêle. Faites blondir l'oignon et revenir les lamelles de poulet.

3. Préparez le bouillon de poule et ajoutez-y le miel. Mouillez la cuisson du poulet avec le bouillon, ajoutez les abricots secs, salez, poivrez puis saupoudrez d'amandes, de cumin et de cannelle. Mélangez bien et laissez cuire 15 minutes.

4. Huilez légèrement le fond d'un plat à four. Versez un peu de sauce au poulet, posez des feuilles de lasagne, de la sauce au poulet, des feuilles de lasagne jusqu'à ce que le plat soit rempli. Parsemez d'amandes. Enfournez 25 minutes à 150 °C.

POUR 4 PERSONNES - PRÉPARATION 20 MINUTES - CUISSON 25 MINUTES

POMMES AUX AMANDES

- 4 pommes
- Le jus de 1 citron
- 4 cuillerées à soupe d'amandes mondées
- 4 cuillerées à soupe de gelée de groseilles
- 4 tranches de pain de mie
- 50 g de beurre

1. Préchauffez le four à 180 °C. Évidez les pommes et citronnez l'intérieur.

2. Dans une poêle antiadhésive, faites griller les amandes jusqu'à ce qu'elles soient blondes. Mélangez les amandes et la gelée de groseilles.

3. À l'aide d'un verre, découpez un disque dans chaque tranche de pain de mie. Faites fondre le beurre dans une poêle et faites cuire légèrement les disques de pain de mie. Dans un plat à four, disposez les disques de pain de mie et posez les pommes sur le dessus.

4. Garnissez l'intérieur des pommes avec les amandes mélangées à la gelée de groseilles. Enfournez 20 minutes.

POUR 4 PERSONNES - PRÉPARATION 15 MINUTES - INFUSION 5 MINUTES - CUISSON 20 MINUTES

PÊCHES AUX MACARONS

- 10 morceaux de sucre
- Quelques feuilles de tilleul
- 4 pêches ou 4 nectarines
- 4 macarons non fourrés
- 25 g de beurre
- 1 cuillerée à soupe de poudre d'amandes
- 2 cuillerées à soupe de miel

1. Faites bouillir 1,5 litre d'eau avec le sucre, ajoutez le tilleul puis laissez infuser 5 minutes. Passez, remettez ce sirop de tilleul dans une casserole et faites-y pocher les pêches pendant 10 minutes.

2. Mixez les macarons. Dans une poêle, faites fondre le beurre puis ajoutez les macarons, la poudre d'amandes et le miel.

3. Sortez les pêches de leur sirop, ôtez leur peau, coupez-les en deux puis ôtez le noyau. Disposez les demi-pêches dans un plat à four et versez dessus la préparation aux macarons. Enfournez 5 minutes sous le gril.

4. Servez avec une boule de glace au lait d'amande.

POUR 4 PERSONNES - PRÉPARATION 10 MINUTES - CUISSON 20 MINUTES - REPOS 1 HEURE

POT-AUX-FRUITS

- 4 brins de basilic
- Le zeste râpé de 1 citron ou citron vert
- 1 gousse de vanille
- 50 g de sucre (ou plus, selon votre goût)
- 2 pêches blanches pas trop mûres
- 2 pêches jaunes pas trop mûres
- 4 prunes
- 6 abricots pas trop mûrs
- 1 barquette de framboises
- 1 barquette de groseilles à maquereau, si vous en trouvez

POUR SERVIR

- Amarettis (macarons italiens aux amandes amères)

VARIANTE

Vous pouvez aussi servir ces fruits avec un bon sorbet ou avec 1 cuillerée de mascarpone.

1. Dans un faitout, faites chauffer 2 litres d'eau avec le sucre, la gousse de vanille fendue en deux et le zeste de citron. Tournez pour bien dissoudre le sucre.

2. Lavez les fruits. Plongez-les, sauf les framboises et les groseilles, dans le bouillon chaud. Baissez le feu et laissez cuire entre 10 minutes (pour les abricots) et 15 à 20 minutes (pour les pêches).

3. Sortez les fruits, mettez-les dans un saladier avec 1 louchée de leur « bouillon ». Ajoutez les framboises et les groseilles. Une fois les fruits légèrement refroidis, vous pourrez facilement enlever la peau.

4. Ramenez le bouillon à forte ébullition pour le faire réduire de moitié environ. Puis ajoutez le basilic en gardant quelques feuilles pour la finition. Éteignez le feu et laissez infuser. Laissez refroidir complètement le tout, enlevez le basilic puis mettez au réfrigérateur.

5. Servez les fruits bien frais avec le bouillon réduit. Parsemez de basilic ciselé et d'amarettis écrasés.

POUR 6 PERSONNES - PRÉPARATION 20 MINUTES - CUISSON 30 MINUTES

TARTE TATIN AUX POMMES

- 250 g de pâte brisée
- 5 pommes : reine des reinettes, boskoop ou canada gris
- 100 g de beurre demi-sel
- 2 cuillerées à soupe de sucre
- 1 sachet de sucre vanillé

1. Préchauffez le four à 200 °C. Épluchez les pommes, ôtez les pépins. Coupez-les en tranches très épaisses (2 cm d'épaisseur). Faites fondre le beurre dans une poêle et faites revenir les tranches de pomme. Laissez-les dorer 1 à 2 minutes de chaque côté.

2. Dans le fond d'un moule, répartissez bien le sucre et le sucre vanillé, disposez les tranches de pomme de façon régulière. Posez la pâte. Pratiquez un petit trou au centre de la pâte pour qu'à la cuisson la vapeur s'échappe. Enfournez à four très chaud. Laissez cuire 10 minutes, baissez le four à 100 °C et continuez la cuisson 20 minutes.

3. Dès la sortie du four, retournez la tarte sur un plat de service. Accompagnez cette tarte de crème fraîche, de chantilly ou d'une boule de glace vanille ou parfumée au calvados.

POUR 6 PERSONNES - PRÉPARATION 25 MINUTES - CUISSON 45 MINUTES

TARTE TATIN À LA RHUBARBE

- 250 g de pâte brisée
- 750 g de tiges de rhubarbe
- 3 tranches de pain d'épices
- 75 g de cassonade
- 2 cuillerées à soupe de whisky irlandais

1. Préchauffez le four à 180 °C. Épluchez les tiges de rhubarbe, coupez-les en tronçons de 2 cm d'épaisseur.

2. Mixez les tranches de pain d'épices. Saupoudrez le fond d'un moule à tarte de cassonade, disposez une première couche de rhubarbe, parsemez de miettes de pain d'épices et arrosez de 1 cuillerée à soupe de whisky. Recommencez avec une autre couche de rhubarbe puis le reste de pain d'épices et de whisky.

3. Posez la pâte à tarte, rentrez-la à l'intérieur du moule. Enfournez 45 minutes. Servez cette tarte avec une crème anglaise parfumée au whisky.

POUR 6 PERSONNES - PRÉPARATION 25 MINUTES - CUISSON 25 MINUTES

TARTE TATIN À LA MANGUE

- 250 g de pâte brisée
- 2 grosses mangues (ou 3 moyennes) mûres à point
- 3 fruits de la Passion
- 50 g de cassonade
- 50 g de beurre frais
- 2 baies de piment de la Jamaïque
- 2 cuillerées à soupe de rhum blanc

1. Épluchez les mangues, coupez-les en tranches épaisses, recueillez le jus qui se sera écoulé pendant cette opération.

2. Préchauffez le four à 200 °C. Ouvrez les fruits de la Passion, versez la pulpe dans une petite passoire pour retenir les pépins.

3. Dans une casserole, faites fondre la cassonade et le beurre ; versez le jus des mangues, la pulpe des fruits de la Passion et le rhum. Faites chauffer 10 minutes jusqu'à obtenir un jus très épais.

4. Versez le jus caramélisé dans le fond d'un moule à tarte, disposez les tranches de mangue dessus. Concassez les baies de piment de la Jamaïque, saupoudrez-les sur les mangues. Posez la pâte brisée, soudez les bords. Enfournez 25 minutes.

POUR 6 PERSONNES - PRÉPARATION 20 MINUTES - CUISSON 35 MINUTES

TARTE TATIN BANANE-CHOCOLAT

- 250 g de pâte brisée
- 4 bananes
- Le jus de 1 citron
- 50 g de beurre
- 2 sachets de sucre vanillé
- 1 boîte de pastilles de chocolat pour la pâtisserie

1. Préchauffez le four à 180 °C. Épluchez les bananes, coupez-les en rondelles et citronnez-les pour qu'elles ne noircissent pas.

2. Dans une grande poêle, faites fondre le beurre et le sucre vanillé puis faites soigneusement dorer les rondelles de banane en veillant à ce qu'elles ne soient pas écrasées.

3. Disposez dans le fond d'un moule à tarte les pastilles de chocolat de façon régulière, posez dessus les rondelles de banane sur 2 épaisseurs. Posez la pâte, rentrez les bords à l'intérieur du moule. Enfournez 25 minutes.

POUR 4 PERSONNES - PRÉPARATION 35 MINUTES - RÉFRIGÉRATION 3 HEURES - CUISSON 7 À 8 MINUTES

SOUFFLÉ AU CHOCOLAT NOIR

- 100 g de chocolat noir
- 100 g de beurre ramolli
+ 5 g pour les moules
- 100 g de sucre
- 50 g de farine
- 4 œufs
- 4 écorces d'oranges confites

1. Cassez le chocolat en morceaux dans un bol, ajoutez 1 cuillerée à café d'eau et faites-le fondre au micro-ondes. Mélangez le chocolat fondu et le beurre ramolli dans un grand bol, ajoutez les écorces d'oranges confites, coupées en petits dés.

2. Dans un autre bol, battez les œufs et le sucre jusqu'à ce que le mélange blanchisse. Versez la farine dans les œufs, mélangez au fouet. Mélangez les deux préparations. Placez 3 heures au réfrigérateur.

3. Préchauffez le four à 210 °C. Beurrez des moules à soufflé individuels. Remplissez-les de la préparation sans dépasser les trois quarts de leur contenance. Enfournez et laissez cuire 7 à 8 minutes.

4. À la sortie du four, démoulez délicatement. Le soufflé est cuit lorsqu'il forme une croûte sur le dessus, mais reste mou à l'intérieur quand on bouge doucement le moule.

POUR 4 PERSONNES - PRÉPARATION 30 MINUTES - CUISSON 25 MINUTES

SOUFFLÉ AU FROMAGE BLANC & CITRON VERT

- 125 g de fromage blanc
- 125 g de mascarpone
- 1 citron vert
- 2 jaunes d'œufs
- 3 blancs d'œufs
- 20 g de Maïzena®
- 30 g de sucre
- 25 g de sucre glace
- 5 g de beurre pour les moules

1. Préchauffez le four à 210 °C. Battez les jaunes d'œufs avec le sucre et la Maïzena®. Coupez le citron vert en quartiers, ôtez les pépins et les peaux blanches. Mixez-le finement puis ajoutez-le au mélange à base de jaunes d'œufs.

2. Dans un saladier, mélangez le fromage blanc et le mascarpone. Incorporez le mélange jaunes d'œufs-citron vert. Montez les blancs en neige ferme, en versant en pluie le sucre glace. Délicatement, en commençant par une première cuillerée, ajoutez les blancs en neige au mélange précédent.

3. Beurrez des moules à soufflé individuels. Enfournez puis baissez la température à 180 °C. Laissez cuire 25 minutes.

POUR 8 À 10 PETITS POTS - PRÉPARATION 20 MINUTES - RÉFRIGÉRATION 1 HEURE - CUISSON 30 MINUTES

PETITS CLAFOUTIS CACAO-ABRICOT-GINGEMBRE

- 60 g de farine
- 20 g de cacao en poudre non sucré
- 25 g de sucre
- 2 œufs
- 15 cl de lait
- 10 cl de bière
- 30 g de beurre
- 20 g d'huile neutre
- 1 pincée de sel
- 20 oreillons d'abricot
- 20 g environ de gingembre confit

1. Dans une petite casserole, faites fondre le beurre à feu doux. Hors du feu, ajoutez l'huile et réservez.

2. Battez les œufs et le sucre, puis ajoutez le sel et le beurre fondu. Incorporez peu à peu la farine, le cacao, mélangez bien, puis versez petit à petit le lait et la bière afin d'obtenir une pâte fluide. Laissez reposer la pâte 1 heure au moins au réfrigérateur.

3. Préchauffez le four à 170 °C. Coupez les oreillons d'abricot en 2 ou en 3 morceaux selon leur taille. Hachez finement le gingembre confit.

4. Garnissez chaque fond de ramequin de morceaux d'abricot, parsemez de gingembre haché puis nappez de pâte. Enfournez 25 minutes environ. Servez encore tiède ou froid, au choix.

POUR 10 À 12 PETITS POTS - PRÉPARATION 20 MINUTES - CUISSON 20 MINUTES - RÉFRIGÉRATION 1 H 30

PETITS POTS PRALINÉS

PRALINÉ

- 40 g de noisettes mondées
- 30 g d'amandes mondées
- 50 g de sucre
- 3 cuillerées à soupe d'eau

GANACHE

- 80 g de chocolat noir
- 230 g de chocolat au lait
- 15 cl de crème liquide
- 10 cl de lait

1. Préparez le praliné. Dans une casserole, réalisez un sirop avec le sucre et l'eau, à feu moyen. Lorsque les bulles s'épaississent et avant coloration, ajoutez les noisettes et les amandes. À l'aide d'une cuillère en bois, mélangez sans cesse pour bien enrober les fruits secs et éviter qu'ils ne brûlent. Lorsque le mélange a pris une couleur caramel doré, étalez-le sur un papier sulfurisé ou une toile siliconée. Laissez refroidir 10 minutes à température ambiante.

2. Cassez le pralin en petits morceaux puis mixez-le en 2 ou 3 fois au robot jusqu'à l'obtention d'une poudre relativement fine.

3. Mettez la poudre pralinée dans une casserole avec la crème et le lait puis chauffez à feu doux jusqu'aux premiers signes d'ébullition. Cassez les chocolats dans un récipient puis versez la crème chaude dessus et mélangez pour lisser la ganache.

4. Répartissez la ganache dans des petits pots et réservez au moins 1 h 30 au réfrigérateur.

POUR 6 À 8 PETITS POTS DE CHAQUE RECETTE

PRÉPARATION 35 MINUTES - RÉFRIGÉRATION 2 HEURES - CUISSON 1 H 15

PETITS POTS DE CRÈME AUX ŒUFS AU CHOCOLAT

CRÈME AU CHOCOLAT NOIR

- 25 cl de lait
- 25 cl de crème liquide
- 125 g de chocolat noir
- 5 jaunes d'œufs
- 70 g de sucre

CRÈME AU CHOCOLAT BLANC

- 40 cl de crème liquide
- 130 g de chocolat blanc
- 6 jaunes d'œufs

CRÈME AU CHOCOLAT AU LAIT

- 40 cl de crème liquide
- 15 cl de lait
- 140 g de chocolat au lait
- 4 jaunes d'œufs
- 60 g de sucre

1. Préparez la crème au chocolat noir ou au lait. Dans une casserole, faites chauffer le lait et la crème à feu doux. Fouettez énergiquement les jaunes d'œufs et le sucre afin que le mélange blanchisse. Ajoutez le chocolat cassé en petits morceaux à la crème chaude, mélangez puis versez sur le mélange jaunes d'œufs-sucre. Répartissez la crème dans des petits pots ou des ramequins et laissez reposer 2 heures au moins au réfrigérateur.

2. Préparez la crème au chocolat blanc. Dans une casserole, faites chauffer la crème à feu doux. Cassez le chocolat en morceaux dans un récipient. Versez dessus la crème chaude, mélangez puis incorporez les jaunes d'œufs. Versez la crème dans des petits pots ou des ramequins et laissez reposer 2 heures au moins au réfrigérateur.

3. Préchauffez le four à 95 °C. Disposez les petits pots de crème dans un plat à rebord rempli à moitié d'eau. Enfournez 1 heure à 1 h 15 (selon la contenance des petits pots) au bain-marie. Les crèmes doivent être tremblantes et juste prises. Une fois cuites et légèrement refroidies, réserver les crèmes au réfrigérateur avant de les déguster.

TABLE DES RECETTES

POT-AU-FEU

Pot-au-feu des familles ... 6
Pot-au-feu royal ... 8
Pot-au-feu d'amour ... 10
Poulet au pot au citron ... 12
Pintade au pot au safran ... 14
Canard au pot d'Espelette ... 16
Potée du débutant ... 18
Le pot-aux-roses ... 20
Pot el-hanout ... 22
Pottocalcio ... 24
Pot noodle ... 26
Pot-en-croûte ... 28
Waterzoï ... 30
Pot-au-thaï ... 32
Pot-au-« pho » ... 34
Potofu ... 36
Pot-au-gado ... 38
Salade de pot-au-froid ... 40
Boulettes de pot-au-feu ... 42

HACHIS MAISON

Hachis Parmentier classique ... **44**
Hachis de bœuf aux tomates séchées ... **46**
Reste de pot-au-feu, purée de céleri-rave ... **48**
Parmentier printanier ... **50**
Parmentier de bœuf façon thaïe ... **52**
Parmentier de poulet fumé au curry ... **54**
Hachis à la chilienne ... **56**
Parmentier de lapin à la polenta ... **58**
Parmentier de lapin au chèvre ... **60**
Hachis de gigot d'agneau & aubergines **62**
Hachis d'agneau à la grecque ... **64**
Hachis de confit de canard aux bolets ... **66**
Parmentier de confit de canard aux pommes ... **68**
Parmentier de canard au potiron ... **70**
Hachis de viandes mélangées ... **72**
Parmentier de boudin noir ... **74**
Parmentier de poisson à la patate douce ... **76**
Hachis de saumon aux petits légumes ... **78**
Parmentier de morue ... **80**
Cabillaud au chou rouge sucré-salé ... **82**
Hachis de julienne aux lentilles ... **84**
Parmentier de lardons & haricots rouges ... **86**
Cœur d'artichaut, poivron rouge ... **88**

PETITS FARCIS

Tomates farcies ... **90**
Poivrons farcis ... **92**
Courgettes rondes à la mozzarella ... **94**
Aubergines à l'orientale ... **96**
Piquillos à la morue ... **98**
Oignons farcis ... **100**

Champignons farcis 102
Pommes de terre farcies 104
Petites feuilles de chou au canard 106
Potimarron farci 108
Râble de lapin aux dattes 110
Poule au pot farcie 112
Pintade aux marrons 114
Épaule d'agneau aux herbes 116
Pigeons aux amandes 118

LASAGNES

Lasagnes tomates mozzarella 120
Lasagnes fromagères 122
Lasagnes de courgettes & chèvre frais 124
Lasagnes tomatobœuf 126
Lasagnes aux boulettes de bœuf 128
Lasagnes à la viande 130
Lasagnes façon Strogonoff 132
Lasagnes aux aubergines & à l'agneau 134
Lasagnes au chorizo 136
Lasagnes au saumon frais 138
Lasagnes cabillaud & pois gourmands 140
Lasagnes aux sardines & poivrons grillés 142
Lasagnes au curry de crabe 144
Lasagnes aubergines & crevettes piquantes 146
Lasagnes noir de noir 148
Lasagnes végétariennes 150
Lasagnes tout-tomate 152
Lasagnes aux légumes grillés 154
Lasagnes aux fonds d'artichaut 156
Lasagnes aux cèpes 158
Lasagnes au potiron & à la coriandre 160
Lasagnes agneau & pruneaux 162
Lasagnes au poulet, abricots & amandes 164

DESSERTS

Pommes aux amandes 166
Pêches aux macarons 168
Pot-aux-fruits 170
Tarte Tatin aux pommes 172
Tarte Tatin à la rhubarbe 174
Tarte Tatin à la mangue 176
Tarte Tatin banane-chocolat 178
Soufflé au chocolat noir 180
Soufflé au fromage blanc & citron vert 182
Petits clafoutis cacao-abricot gingembre 184
Petits pots pralinés 186
Petits pots de crème aux œufs au chocolat 188

© 2019 Hachette Livre, département Marabout, pour la présente édition.
58, rue Jean-Bleuzen,
CS 70007 92178 VANVES CEDEX

Recettes : Keda Black : pages 6-42, 50, 170 ; Ilona Chovancova : pages 44-48, 52-88 ; Catherine Quévremont : pages 90-168, 172-182 ; José Maréchal : pages 184-188.
Photographies : Akiko Ida : pages 4, 7-43, 51, 171, 185-189 ; Hiroko Mori : pages 45-49, 53-169 ; Deirdre Rooney : pages 173-179 ; Laurent Grandadam : pages 181, 183.

Création graphique : Manon Renucci
Mise en pages : les PAOistes
Relecture : Véronique Dussidour
Suivi éditorial : Natacha Kotchetkova

Tous droits réservés. Toute reproduction ou utilisation de l'ouvrage sous quelque forme et par quelque moyen électronique, photocopie, enregistrement ou autre que ce soit est strictement interdite sans autorisation écrite de l'éditeur.

Pour Marabout, le principe est d'utiliser des papiers composés de fibres naturelles, renouvelables, recyclables et fabriquées à partir de bois issus de forêts qui adoptent un système d'aménagement durable. En outre, Marabout attend de ses fournisseurs de papier qu'ils s'inscrivent dans une démarche de certification environnementale reconnue.

Achevé d'imprimer en novembre 2018
sur les presses de Macrolibros en Espagne
1098984/01
ISBN : 978-2-501-13900-7
Dépôt légal : janvier 2019

PAPIER À BASE DE FIBRES CERTIFIÉES

MARABOUT
s'engage pour l'environnement en réduisant l'empreinte carbone de ses livres.
Celle de cet exemplaire est de :
300 g éq. CO_2
Rendez-vous sur
www.marabout-durable.fr